A book for You

赤本バックナンバーのご案内

赤本バックナンバーを1年単位で印刷製本しお届けします！

弊社発行の「**高校別入試対策シリーズ（赤本）**」の収録から外れた古い年度の過去問を1年単位でご購入いただくことができます。

「**赤本バックナンバー**」はamazon（アマゾン）の***プリント・オン・デマンドサービス**によりご提供いたします。

定評のあるくわしい解答解説はもちろん赤本そのまま，解答用紙も付けてあります

志望校の受験対策をさらに万全なものにするために，「**赤本バックナン**

⚠ *プリント・オン・デマンドサービスとは，ご注文に応じて1冊から印刷製本

JN020865

ご購入の流れ

① 英俊社のウェブサイト https://book.eisyun.jp/ にアクセス

② トップページの「高校受験」 赤本バックナンバー をクリック

③ ご希望の学校・年度をクリックすると，amazon（アマゾン）のウェブサイトの該当書籍のページにジャンプ

④ amazon（アマゾン）のウェブサイトでご購入

⚠ 納期や配送，お支払い等，購入に関するお問い合わせは，amazon（アマゾン）のウェブサイトにてご確認ください。

⚠ 書籍の内容についてのお問い合わせは英俊社（06−7712−4373）まで。

国私立高校・高専 バックナンバー

⚠ 表中の×印の学校・年度は，著作権上の事情等により発刊いたしません。あしからずご了承ください。

（アイウエオ順）

※価格はすべて税込表示

学校名	2019年実施問題	2018年実施問題	2017年実施問題	2016年実施問題	2015年実施問題	2014年実施問題	2013年実施問題	2012年実施問題	2011年実施問題	2010年実施問題	2009年実施問題	2008年実施問題	2007年実施問題	2006年実施問題	2005年実施問題	2004年実施問題	2003年実施問題
大阪教育大附高池田校舎	1,540円 66頁	1,430円 60頁	1,430円 62頁	1,430円 60頁	1,430円 60頁	1,430円 58頁	1,430円 58頁	1,430円 60頁	1,430円 58頁	1,430円 56頁	1,430円 54頁	1,320円 50頁	1,320円 52頁	1,320円 52頁	1,320円 48頁	1,320円 48頁	
大阪星光学院高	1,320円 48頁	1,320円 44頁	1,210円 42頁	1,210円 34頁	×	1,210円 36頁	1,210円 30頁	1,210円 32頁	1,650円 88頁	1,650円 84頁	1,650円 84頁	1,650円 80頁	1,650円 86頁	1,650円 80頁	1,650円 82頁	1,320円 52頁	1,430円 54頁
大阪桐蔭高	1,540円 74頁	1,540円 66頁	1,540円 68頁	1,540円 66頁	1,540円 66頁	1,430円 64頁	1,540円 68頁	1,430円 62頁	1,430円 62頁	1,540円 68頁	1,430円 62頁	1,430円 62頁	1,430円 60頁	1,430円 62頁	1,430円 58頁		
関西大学高	1,430円 56頁	1,430円 56頁	1,430円 58頁	1,430円 54頁	1,320円 52頁	1,320円 52頁	1,430円 54頁	1,320円 50頁	1,320円 52頁	1,320円 50頁							
関西大学第一高	1,540円 66頁	1,430円 64頁	1,430円 64頁	1,430円 56頁	1,430円 62頁	1,430円 54頁	1,320円 48頁	1,430円 56頁	1,430円 56頁	1,430円 56頁	1,430円 56頁	1,320円 52頁	1,320円 52頁	1,320円 50頁	1,320円 46頁	1,320円 52頁	
関西大学北陽高	1,540円 68頁	1,540円 72頁	1,540円 70頁	1,430円 64頁	1,430円 62頁	1,430円 60頁	1,430円 60頁	1,430円 58頁	1,430円 58頁	1,430円 58頁	1,430円 56頁	1,430円 54頁					
関西学院高	1,210円 36頁	1,210円 36頁	1,210円 34頁	1,210円 34頁	1,210円 32頁	1,210円 32頁	1,210円 32頁	1,210円 32頁	1,210円 28頁	1,210円 30頁	1,210円 28頁	1,210円 30頁	×	1,210円 30頁	1,210円 28頁	×	1,210円 26頁
京都女子高	1,540円 66頁	1,430円 62頁	1,430円 60頁	1,430円 60頁	1,430円 60頁	1,430円 54頁	1,430円 56頁	1,430円 56頁	1,430円 56頁	1,430円 56頁	1,430円 56頁	1,430円 54頁	1,430円 54頁	1,320円 50頁	1,320円 50頁	1,320円 48頁	
近畿大学附属高	1,540円 72頁	1,540円 68頁	1,540円 68頁	1,540円 66頁	1,430円 64頁	1,430円 62頁	1,430円 58頁	1,430円 60頁	1,430円 58頁	1,430円 60頁	1,430円 54頁	1,430円 58頁	1,430円 56頁	1,430円 54頁	1,430円 56頁	1,320円 52頁	
久留米大学附設高	1,430円 64頁	1,430円 62頁	1,430円 58頁	1,430円 00頁	1,430円 50頁	1,430円 68頁	1,430円 58頁	1,430円 58頁	1,430円 56頁	1,430円 58頁	1,430円 54頁	×	1,430円 54頁	1,430円 54頁			
四天王寺高	1,540円 74頁	1,430円 62頁	1,430円 64頁	1,540円 66頁	1,210円 40頁	1,210円 40頁	1,430円 64頁	1,430円 64頁	1,430円 58頁	1,430円 62頁	1,430円 60頁	1,430円 60頁	1,430円 64頁	1,430円 58頁	1,430円 62頁	1,430円 58頁	
須磨学園高	1,210円 40頁	1,210円 40頁	1,210円 36頁	1,210円 42頁	1,210円 40頁	1,210円 40頁	1,210円 38頁	1,210円 38頁	1,320円 44頁	1,320円 48頁	1,320円 46頁	1,320円 48頁	1,320円 46頁	1,320円 44頁	1,210円 42頁		
清教学園高	1,540円 66頁	1,540円 66頁	1,430円 64頁	1,430円 56頁	1,320円 52頁	1,320円 50頁	1,320円 52頁	1,320円 48頁	1,320円 52頁	1,320円 50頁	1,320円 50頁	1,320円 46頁					
西南学院高	1,870円 102頁	1,760円 98頁	1,650円 82頁	1,980円 116頁	1,980円 112頁	1,980円 112頁	1,870円 110頁	1,870円 112頁	1,870円 106頁	1,540円 76頁	1,540円 76頁	1,540円 72頁	1,540円 72頁	1,540円 70頁			
清風高	1,430円 58頁	1,430円 54頁	1,430円 60頁	1,430円 60頁	1,430円 60頁	1,430円 60頁	1,430円 60頁	1,430円 60頁	1,430円 56頁	1,430円 58頁	×	1,430円 56頁	1,430円 58頁	1,430円 54頁	1,430円 54頁		

※価格はすべて税込表示

学校名	2019年実施問題	2018年実施問題	2017年実施問題	2016年実施問題	2015年実施問題	2014年実施問題	2013年実施問題	2012年実施問題	2011年実施問題	2010年実施問題	2009年実施問題	2008年実施問題	2007年実施問題	2006年実施問題	2005年実施問題	2004年実施問題	2003年実施問題
清風南海高	1,430円 64頁	1,430円 64頁	1,430円 62頁	1,430円 60頁	1,430円 60頁	1,430円 58頁	1,430円 58頁	1,430円 60頁	1,430円 56頁	1,430円 56頁	1,430円 56頁	1,430円 56頁	1,430円 58頁	1,430円 58頁	1,320円 52頁	1,430円 54頁	
智辯学園和歌山高	1,320円 44頁	1,210円 42頁	1,210円 40頁	1,210円 40頁	1,210円 38頁	1,210円 38頁	1,210円 40頁	1,210円 38頁	1,210円 38頁	1,210円 40頁	1,210円 40頁	1,210円 38頁	1,210円 38頁	1,210円 38頁	1,210円 38頁	1,210円 38頁	
同志社高	1,430円 56頁	1,430円 56頁	1,430円 54頁	1,430円 54頁	1,430円 56頁	1,430円 54頁	1,320円 52頁	1,320円 52頁	1,320円 50頁	1,320円 48頁	1,320円 50頁	1,320円 50頁	1,320円 46頁	1,320円 48頁	1,320円 44頁	1,320円 48頁	1,320円 46頁
灘高	1,320円 52頁	1,320円 46頁	1,320円 48頁	1,320円 46頁	1,320円 46頁	1,320円 48頁	1,210円 42頁	1,320円 44頁	1,320円 50頁	1,320円 48頁	1,320円 46頁	1,320円 48頁	1,320円 48頁	1,320円 46頁	1,320円 44頁	1,320円 46頁	1,320円 46頁
西大和学園高	1,760円 98頁	1,760円 96頁	1,760円 90頁	1,540円 68頁	1,540円 66頁	1,430円 62頁	1,430円 62頁	1,430円 62頁	1,430円 64頁	1,430円 64頁	1,430円 62頁	1,430円 64頁	1,430円 64頁	1,430円 62頁	1,430円 60頁	1,430円 56頁	1,430円 58頁
福岡大学附属大濠高	2,310円 152頁	2,310円 148頁	2,200円 142頁	2,200円 144頁	2,090円 134頁	2,090円 132頁	2,090円 128頁	1,760円 96頁	1,760円 94頁	1,650円 88頁	1,650円 84頁	1,760円 88頁	1,760円 90頁	1,760円 92頁			
明星高	1,540円 76頁	1,540円 74頁	1,540円 68頁	1,430円 62頁	1,430円 62頁	1,430円 64頁	1,430円 64頁	1,430円 60頁	1,430円 58頁	1,430円 56頁	1,430円 56頁	1,430円 54頁	1,430円 54頁	1,430円 54頁	1,320円 52頁	1,320円 52頁	
桃山学院高	1,430円 64頁	1,430円 64頁	1,430円 62頁	1,430円 60頁	1,430円 58頁	1,430円 54頁	1,430円 56頁	1,430円 54頁	1,430円 58頁	1,430円 58頁	1,430円 56頁	1,320円 52頁	1,320円 52頁	1,320円 48頁	1,320円 46頁	1,320円 50頁	1,320円 50頁
洛南高	1,540円 66頁	1,430円 64頁	1,540円 66頁	1,540円 66頁	1,430円 62頁	1,430円 64頁	1,430円 62頁	1,430円 62頁	1,430円 62頁	1,430円 60頁	1,430円 58頁	1,430円 64頁	1,430円 60頁	1,430円 62頁	1,430円 58頁	1,430円 58頁	1,430円 60頁
ラ・サール高	1,540円 70頁	1,540円 66頁	1,430円 60頁	1,430円 62頁	1,430円 60頁	1,430円 58頁	1,430円 60頁	1,430円 60頁	1,430円 58頁	1,430円 54頁	1,430円 60頁	1,430円 54頁	1,430円 56頁	1,320円 50頁			
立命館高	1,760円 96頁	1,760円 94頁	1,870円 100頁	1,760円 96頁	1,870円 104頁	1,870円 102頁	1,870円 100頁	1,760円 92頁	1,650円 88頁	1,760円 94頁	1,650円 88頁	1,650円 86頁	1,320円 48頁	1,650円 80頁	1,430円 54頁		
立命館宇治高	1,430円 62頁	1,430円 60頁	1,430円 58頁	1,430円 58頁	1,430円 56頁	1,430円 54頁	1,430円 54頁	1,320円 52頁	1,320円 52頁	1,430円 54頁	1,430円 56頁	1,320円 52頁					
国立高専	1,650円 78頁	1,540円 74頁	1,540円 66頁	1,430円 64頁	1,430円 62頁	1,430円 62頁	1,430円 62頁	1,540円 68頁	1,540円 70頁	1,430円 64頁	1,430円 62頁	1,430円 62頁	1,430円 60頁	1,430円 58頁	1,430円 60頁	1,430円 56頁	1,430円 60頁

公立高校 バックナンバー

※価格はすべて税込表示

府県名・学校名	2019年実施問題	2018年実施問題	2017年実施問題	2016年実施問題	2015年実施問題	2014年実施問題	2013年実施問題	2012年実施問題	2011年実施問題	2010年実施問題	2009年実施問題	2008年実施問題	2007年実施問題	2006年実施問題	2005年実施問題	2004年実施問題	2003年実施問題
岐阜県公立高	990円 64頁	990円 60頁	990円 60頁	990円 60頁	990円 58頁	990円 56頁	990円 58頁	990円 52頁	990円 54頁	990円 52頁	990円 52頁	990円 48頁	990円 50頁	990円 52頁			
静岡県公立高	990円 62頁	990円 58頁	990円 58頁	990円 60頁	990円 60頁	990円 56頁	990円 58頁	990円 58頁	990円 56頁	990円 54頁	990円 52頁	990円 54頁	990円 52頁	990円 52頁			
愛知県公立高	990円 126頁	990円 120頁	990円 114頁	990円 114頁	990円 114頁	990円 110頁	990円 112頁	990円 108頁	990円 108頁	990円 110頁	990円 102頁	990円 102頁	990円 102頁	990円 100頁	990円 100頁	990円 96頁	990円 96頁
三重県公立高	990円 72頁	990円 66頁	990円 66頁	990円 64頁	990円 66頁	990円 64頁	990円 66頁	990円 64頁	990円 62頁	990円 62頁	990円 58頁	990円 58頁	990円 52頁	990円 54頁			
滋賀県公立高	990円 66頁	990円 62頁	990円 60頁	990円 62頁	990円 62頁	990円 46頁	990円 48頁	990円 46頁	990円 48頁	990円 44頁	990円 44頁	990円 44頁	990円 46頁	990円 44頁	990円 44頁	990円 40頁	990円 42頁
京都府公立高(中期)	990円 60頁	990円 56頁	990円 54頁	990円 54頁	990円 56頁	990円 54頁	990円 56頁	990円 54頁	990円 56頁	990円 54頁	990円 52頁	990円 50頁	990円 50頁	990円 50頁	990円 46頁	990円 46頁	990円 48頁
京都府公立高(前期)	990円 40頁	990円 38頁	990円 40頁	990円 38頁	990円 38頁	990円 36頁											
京都市立堀川高 探究学科群	1,430円 64頁	1,540円 68頁	1,430円 60頁	1,430円 62頁	1,430円 64頁	1,430円 60頁	1,430円 60頁	1,430円 58頁	1,430円 58頁	1,430円 64頁	1,430円 54頁	1,320円 48頁	1,210円 42頁	1,210円 38頁	1,210円 36頁	1,210円 40頁	
京都市立西京高 エンタープライジング科	1,650円 82頁	1,540円 76頁	1,650円 80頁	1,540円 72頁	1,540円 72頁	1,540円 70頁	1,320円 46頁	1,320円 50頁	1,320円 46頁	1,320円 44頁	1,210円 42頁	1,210円 42頁	1,210円 38頁	1,210円 38頁	1,210円 40頁	1,210円 34頁	
京都府立嵯峨野高 京都こすもす科	1,540円 68頁	1,540円 66頁	1,540円 68頁	1,430円 64頁	1,430円 64頁	1,430円 62頁	1,210円 42頁	1,210円 42頁	1,320円 46頁	1,320円 44頁	1,210円 42頁	1,210円 40頁	1,210円 40頁	1,210円 36頁	1,210円 36頁	1,210円 34頁	
京都府立桃山高 自然科学科	1,320円 46頁	1,320円 46頁	1,210円 42頁	1,320円 44頁	1,320円 46頁	1,320円 44頁	1,210円 42頁	1,210円 38頁	1,210円 42頁	1,210円 40頁	1,210円 40頁	1,210円 38頁	1,210円 34頁	1,210円 34頁			

※価格はすべて税込表示

府県名・学校名	2019年 実施問題	2018年 実施問題	2017年 実施問題	2016年 実施問題	2015年 実施問題	2014年 実施問題	2013年 実施問題	2012年 実施問題	2011年 実施問題	2010年 実施問題	2009年 実施問題	2008年 実施問題	2007年 実施問題	2006年 実施問題	2005年 実施問題	2004年 実施問題	2003年 実施問題
大阪府公立高(一般)	990円 148頁	990円 140頁	990円 140頁	990円 122頁													
大阪府公立高(特別)	990円 78頁	990円 78頁	990円 74頁	990円 72頁													
大阪府公立高(前期)					990円 70頁	990円 68頁	990円 66頁	990円 72頁	990円 70頁	990円 60頁	990円 58頁	990円 56頁	990円 56頁	990円 54頁	990円 52頁	990円 52頁	990円 48頁
大阪府公立高(後期)					990円 82頁	990円 76頁	990円 72頁	990円 64頁	990円 64頁	990円 64頁	990円 62頁	990円 62頁	990円 62頁	990円 58頁	990円 56頁	990円 58頁	990円 56頁
兵庫県公立高	990円 74頁	990円 78頁	990円 74頁	990円 74頁	990円 74頁	990円 68頁	990円 66頁	990円 64頁	990円 60頁	990円 56頁	990円 58頁	990円 56頁	990円 58頁	990円 56頁	990円 56頁	990円 54頁	990円 52頁
奈良県公立高(一般)	990円 62頁	990円 50頁	990円 50頁	990円 52頁	990円 50頁	990円 52頁	990円 50頁	990円 48頁	990円 48頁	990円 48頁	990円 48頁	990円 48頁	×	990円 44頁	990円 46頁	990円 42頁	990円 44頁
奈良県公立高(特色)	990円 30頁	990円 38頁	990円 44頁	990円 46頁	990円 46頁	990円 44頁	990円 40頁	990円 40頁	990円 32頁	990円 32頁	990円 32頁	990円 32頁	990円 28頁	990円 28頁			
和歌山県公立高	990円 76頁	990円 70頁	990円 68頁	990円 64頁	990円 66頁	990円 64頁	990円 64頁	990円 62頁	990円 66頁	990円 62頁	990円 60頁	990円 60頁	990円 58頁	990円 56頁	990円 56頁	990円 56頁	990円 52頁
岡山県公立高(一般)	990円 66頁	990円 60頁	990円 58頁	990円 56頁	990円 58頁	990円 56頁	990円 58頁	990円 60頁	990円 56頁	990円 56頁	990円 52頁	990円 52頁	990円 50頁				
岡山県公立高(特別)	990円 38頁	990円 36頁	990円 34頁	990円 34頁	990円 34頁	990円 32頁											
広島県公立高	990円 68頁	990円 70頁	990円 74頁	990円 68頁	990円 60頁	990円 58頁	990円 54頁	990円 46頁	990円 48頁	990円 46頁	990円 46頁	990円 46頁	990円 44頁	990円 46頁	990円 44頁	990円 44頁	990円 44頁
山口県公立高	990円 86頁	990円 80頁	990円 82頁	990円 84頁	990円 76頁	990円 78頁	990円 76頁	990円 64頁	990円 62頁	990円 58頁	990円 58頁	990円 60頁	990円 56頁				
徳島県公立高	990円 88頁	990円 78頁	990円 86頁	990円 74頁	990円 76頁	990円 80頁	990円 64頁	990円 62頁	990円 60頁	990円 58頁	990円 60頁	990円 54頁	990円 52頁				
香川県公立高	990円 76頁	990円 74頁	990円 72頁	990円 74頁	990円 72頁	990円 68頁	990円 68頁	990円 66頁	990円 66頁	990円 62頁	990円 62頁	990円 60頁	990円 62頁				
愛媛県公立高	990円 72頁	990円 68頁	990円 66頁	990円 64頁	990円 68頁	990円 64頁	990円 62頁	990円 60頁	990円 62頁	990円 56頁	990円 58頁	990円 56頁	990円 54頁				
福岡県公立高	990円 66頁	990円 68頁	990円 68頁	990円 66頁	990円 60頁	990円 56頁	990円 56頁	990円 54頁	990円 56頁	990円 58頁	990円 52頁	990円 54頁	990円 52頁	990円 48頁			
長崎県公立高	990円 90頁	990円 86頁	990円 84頁	990円 84頁	990円 82頁	990円 80頁	990円 80頁	990円 82頁	990円 80頁	990円 80頁	990円 80頁	990円 78頁	990円 76頁				
熊本県公立高	990円 98頁	990円 92頁	990円 92頁	990円 92頁	990円 94頁	990円 74頁	990円 72頁	990円 70頁	990円 70頁	990円 68頁	990円 68頁	990円 64頁	990円 68頁				
大分県公立高	990円 84頁	990円 78頁	990円 80頁	990円 76頁	990円 80頁	990円 66頁	990円 62頁	990円 62頁	990円 62頁	990円 58頁	990円 58頁	990円 56頁	990円 58頁				
鹿児島県公立高	990円 66頁	990円 62頁	990円 60頁	990円 60頁	990円 60頁	990円 60頁	990円 60頁	990円 60頁	990円 60頁	990円 58頁	990円 58頁	990円 54頁	990円 58頁				

英語リスニング音声データのご案内

英語リスニング問題の音声データについて

赤本収録年度の音声データ　弊社発行の**「高校別入試対策シリーズ（赤本）」に収録している年度**の音声データは，以下の一覧の学校分を提供しています。希望の音声データをダウンロードし，赤本に掲載されている問題に取り組んでください。

赤本収録年度より古い年度の音声データ　**「高校別入試対策シリーズ（赤本）」に収録している年度よりも古い年度**の音声データは，6ページの国私立高と公立高を提供しています。赤本バックナンバー（1～3ページに掲載）と音声データの両方をご購入いただき，問題に取り組んでください。

ご購入の流れ

① 英俊社のウェブサイト https://book.eisyun.jp/ にアクセス
② トップページの「高校受験」 リスニング音声データ をクリック
③ ご希望の学校・年度をクリックすると，オーディオブック（audiobook.jp）のウェブサイトの該当ページにジャンプ
④ オーディオブック（audiobook.jp）のウェブサイトでご購入。※初回のみ会員登録（無料）が必要です。

⚠ ダウンロード方法やお支払い等，購入に関するお問い合わせは，オーディオブック（audiobook.jp）のウェブサイトにてご確認ください。

音声データを入手できる学校と年度

赤本収録年度の音声データ

ご希望の年度を1年分ずつ，もしくは赤本に収録している年度をすべてまとめてセットでご購入いただくことができます。セットでご購入いただくと，1年分の単価がお得になります。

⚠ ×印の年度は音声データをご提供しておりません。あしからずご了承ください。

国私立高（アイウエオ順）

※価格は税込表示

学校名	税込価格				
	2020年	2021年	2022年	2023年	2024年
アサンプション国際高	¥550	¥550	¥550	¥550	¥550
5か年セット	¥2,200				
育英西高	¥550	¥550	¥550	¥550	¥550
5か年セット	¥2,200				
大阪教育大附高池田校	¥550	¥550	¥550	¥550	¥550
5か年セット	¥2,200				
大阪薫英女学院高	¥550	¥550	¥550	¥550	×
4か年セット	¥1,760				
大阪国際高	¥550	¥550	¥550	¥550	¥550
5か年セット	¥2,200				
大阪信愛学院高	¥550	¥550	¥550	¥550	¥550
5か年セット	¥2,200				
大阪星光学院高	¥550	¥550	¥550	¥550	¥550
5か年セット	¥2,200				
大阪桐蔭高	¥550	¥550	¥550	¥550	¥550
5か年セット	¥2,200				
大谷高	×	×	×	¥550	¥550
2か年セット	¥880				
関西創価高	¥550	¥550	¥550	¥550	¥550
5か年セット	¥2,200				
京都先端科学大附高（特進・進学）	¥550	¥550	¥550	¥550	¥550
5か年セット	¥2,200				

※価格は税込表示

学校名	税込価格				
	2020年	2021年	2022年	2023年	2024年
京都先端科学大附高（国際）	¥550	¥550	¥550	¥550	¥550
5か年セット	¥2,200				
京都橘高	¥550	×	¥550	¥550	¥550
4か年セット	¥1,760				
京都両洋高	¥550	¥550	¥550	¥550	¥550
5か年セット	¥2,200				
久留米大附設高	×	¥550	¥550	¥550	¥550
4か年セット	¥1,760				
神戸星城高	¥550	¥550	¥550	¥550	¥550
5か年セット	¥2,200				
神戸山手グローバル高	×	×	×	¥550	¥550
2か年セット	¥880				
神戸龍谷高	¥550	¥550	¥550	¥550	¥550
5か年セット	¥2,200				
香里ヌヴェール学院高	¥550	¥550	¥550	¥550	¥550
5か年セット	¥2,200				
三田学園高	¥550	¥550	¥550	¥550	¥550
5か年セット	¥2,200				
滋賀学園高	¥550	¥550	¥550	¥550	¥550
5か年セット	¥2,200				
滋賀短期大学附高	¥550	¥550	¥550	¥550	¥550
5か年セット	¥2,200				

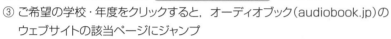

国私立高（アイウエオ順）

※価格は税込表示

学校名	税込価格				
	2020年	2021年	2022年	2023年	2024年
樟蔭高	¥550	¥550	¥550	¥550	¥550
5か年セット	¥2,200				
常翔学園高	¥550	¥550	¥550	¥550	¥550
5か年セット	¥2,200				
清教学園高	¥550	¥550	¥550	¥550	¥550
5か年セット	¥2,200				
西南学院高（専願）	¥550	¥550	¥550	¥550	¥550
5か年セット	¥2,200				
西南学院高（前期）	¥550	¥550	¥550	¥550	¥550
5か年セット	¥2,200				
園田学園高	¥550	¥550	¥550	¥550	¥550
5か年セット	¥2,200				
筑陽学園高（専願）	¥550	¥550	¥550	¥550	¥550
5か年セット	¥2,200				
筑陽学園高（前期）	¥550	¥550	¥550	¥550	¥550
5か年セット	¥2,200				
智辯学園高	¥550	¥550	¥550	¥550	¥550
5か年セット	¥2,200				
帝塚山高	¥550	¥550	¥550	¥550	¥550
5か年セット	¥2,200				
東海大付大阪仰星高	¥550	¥550	¥550	¥550	¥550
5か年セット	¥2,200				
同志社高	¥550	¥550	¥550	¥550	¥550
5か年セット	¥2,200				
中村学園女子高（前期）	×	¥550	¥550	¥550	¥550
4か年セット	¥1,760				
灘高	¥550	¥550	¥550	¥550	¥550
5か年セット	¥2,200				
奈良育英高	¥550	¥550	¥550	¥550	¥550
5か年セット	¥2,200				
奈良学園高	¥550	¥550	¥550	¥550	¥550
5か年セット	¥2,200				
奈良大附高	¥550	¥550	¥550	¥550	¥550
5か年セット	¥2,200				

※価格は税込表示

学校名	税込価格				
	2020年	2021年	2022年	2023年	2024年
西大和学園高	¥550	¥550	¥550	¥550	¥550
5か年セット	¥2,200				
梅花高	¥550	¥550	¥550	¥550	¥550
5か年セット	¥2,200				
白陵高	¥550	¥550	¥550	¥550	¥550
5か年セット	¥2,200				
初芝立命館高	×	×	×	×	¥550
東大谷高	×	×	¥550	¥550	¥550
3か年セット	¥1,320				
東山高	×	×	×	×	¥550
雲雀丘学園高	¥550	¥550	¥550	¥550	¥550
5か年セット	¥2,200				
福岡大附大濠高（専願）	¥550	¥550	¥550	¥550	¥550
5か年セット	¥2,200				
福岡大附大濠高（前期）	¥550	¥550	¥550	¥550	¥550
5か年セット	¥2,200				
福岡大附大濠高（後期）	¥550	¥550	¥550	¥550	¥550
5か年セット	¥2,200				
武庫川女子大附高	×	×	¥550	¥550	¥550
3か年セット	¥1,320				
明星高	¥550	¥550	¥550	¥550	¥550
5か年セット	¥2,200				
和歌山信愛高	¥550	¥550	¥550	¥550	¥550
5か年セット	¥2,200				

公立高

※価格は税込表示

学校名	税込価格				
	2020年	2021年	2022年	2023年	2024年
京都市立西京高（エンタープライジング科）	¥550	¥550	¥550	¥550	¥550
5か年セット	¥2,200				
京都市立堀川高（探究学科群）	¥550	¥550	¥550	¥550	¥550
5か年セット	¥2,200				
京都府立嵯峨野高（京都こすもす科）	¥550	¥550	¥550	¥550	¥550
5か年セット	¥2,200				

赤本収録年度より古い年度の音声データ

以下の音声データは，赤本に収録以前の年度ですので，赤本バックナンバー（P.1～3に掲載）と合わせてご購入ください。
赤本バックナンバーは1年分が1冊の本になっていますので，音声データも1年分ずつの販売となります。

※価格は税込表示

国私立高（アイウエオ順）

学 校 名	税込価格																
	2003年	2004年	2005年	2006年	2007年	2008年	2009年	2010年	2011年	2012年	2013年	2014年	2015年	2016年	2017年	2018年	2019年
大阪教育大附高池田校		¥550	¥550	¥550	¥550	¥550	¥550	¥550	¥550	¥550	¥550	¥550	¥550	¥550	¥550	¥550	¥550
大阪星光学院高（1次）	¥550	¥550	¥550	¥550	¥550	¥550	¥550	¥550	¥550	¥550	×	¥550	×	¥550	¥550	¥550	¥550
大阪星光学院高（1.5次）			¥550	¥550	¥550	¥550	¥550	¥550	×	×	×	×	×	×	×	×	×
大阪桐蔭高						¥550	¥550	¥550	¥550	¥550	¥550	¥550	¥550	¥550	¥550	¥550	¥550
久留米大附設高				¥550	¥550	×	¥550	¥550	¥550	¥550	¥550	¥550	¥550	¥550	¥550	¥550	¥550
清教学園高														¥550	¥550	¥550	¥550
同志社高						¥550	¥550	¥550	¥550	¥550	¥550	¥550	¥550	¥550	¥550	¥550	¥550
灘高																¥550	¥550
西大和学園高				¥550	¥550	¥550	¥550	¥550	¥550	¥550	¥550	¥550	¥550	¥550	¥550	¥550	¥550
福岡大附大濠高（専願）											¥550	¥550	¥550	¥550	¥550	¥550	¥550
福岡大附大濠高（前期）				¥550	¥550	¥550	¥550	¥550	¥550	¥550	¥550	¥550	¥550	¥550	¥550	¥550	¥550
福岡大附大濠高（後期）				¥550	¥550	¥550	¥550	¥550	¥550	¥550	¥550	¥550	¥550	¥550	¥550	¥550	¥550
明星高															¥550	¥550	¥550
立命館高（前期）						¥550	¥550	¥550	¥550	¥550	¥550	¥550	¥550	×	×	×	×
立命館高（後期）						¥550	¥550	¥550	¥550	¥550	¥550	¥550	¥550	×	×	×	×
立命館宇治高										¥550	¥550	¥550	¥550	¥550	¥550	¥550	×

※価格は税込表示

公立高（府県順）

府県名・学校名	税込価格																
	2003年	2004年	2005年	2006年	2007年	2008年	2009年	2010年	2011年	2012年	2013年	2014年	2015年	2016年	2017年	2018年	2019年
岐阜県公立高				¥550	¥550	¥550	¥550	¥550	¥550	¥550	¥550	¥550	¥550	¥550	¥550	¥550	¥550
静岡県公立高				¥550	¥550	¥550	¥550	¥550	¥550	¥550	¥550	¥550	¥550	¥550	¥550	¥550	¥550
愛知県公立高（Ａグループ）	¥550	¥550	¥550	¥550	¥550	¥550	¥550	¥550	¥550	¥550	¥550	¥550	¥550	¥550	¥550	¥550	¥550
愛知県公立高（Ｂグループ）	¥550	¥550	¥550	¥550	¥550	¥550	¥550	¥550	¥550	¥550	¥550	¥550	¥550	¥550	¥550	¥550	¥550
三重県公立高				¥550	¥550	¥550	¥550	¥550	¥550	¥550	¥550	¥550	¥550	¥550	¥550	¥550	¥550
滋賀県公立高	¥550	¥550	¥550	¥550	¥550	¥550	¥550	¥550	¥550	¥550	¥550	¥550	¥550	¥550	¥550	¥550	¥550
京都府公立高（中期選抜）	¥550	¥550	¥550	¥550	¥550	¥550	¥550	¥550	¥550	¥550	¥550	¥550	¥550	¥550	¥550	¥550	¥550
京都府公立高（前期選抜 共通学力検査）												¥550	¥550	¥550	¥550	¥550	¥550
京都市立西京高（エンタープライジング科）		¥550	¥550	¥550	¥550	¥550	¥550	¥550	¥550	¥550	¥550	¥550	¥550	¥550	¥550	¥550	¥550
京都市立堀川高（探究学科群）												¥550	¥550	¥550	¥550	¥550	¥550
京都府立嵯峨野高（京都こすもす科）		¥550	¥550	¥550	¥550	¥550	¥550	¥550	¥550	¥550	¥550	¥550	¥550	¥550	¥550	¥550	¥550
大阪府公立高（一般選抜）														¥550	¥550	¥550	¥550
大阪府公立高（特別選抜）														¥550	¥550	¥550	¥550
大阪府公立高（後期選抜）	¥550	¥550	¥550	¥550	¥550	¥550	¥550	¥550	¥550	¥550	¥550	¥550	¥550	×	×	×	×
大阪府公立高（前期選抜）	¥550	¥550	¥550	¥550	¥550	¥550	¥550	¥550	¥550	¥550	¥550	¥550	¥550	×	×	×	×
兵庫県公立高	¥550	¥550	¥550	¥550	¥550	¥550	¥550	¥550	¥550	¥550	¥550	¥550	¥550	¥550	¥550	¥550	¥550
奈良県公立高（一般選抜）	¥550	¥550	¥550	¥550	×	¥550	¥550	¥550	¥550	¥550	¥550	¥550	¥550	¥550	¥550	¥550	¥550
奈良県公立高（特色選抜）				¥550	¥550	¥550	¥550	¥550	¥550	¥550	¥550	¥550	¥550	¥550	¥550	¥550	¥550
和歌山県公立高	¥550	¥550	¥550	¥550	¥550	¥550	¥550	¥550	¥550	¥550	¥550	¥550	¥550	¥550	¥550	¥550	¥550
岡山県公立高（一般選抜）					¥550	¥550	¥550	¥550	¥550	¥550	¥550	¥550	¥550	¥550	¥550	¥550	¥550
岡山県公立高（特別選抜）												¥550	¥550	¥550	¥550	¥550	¥550
広島県公立高	¥550	¥550	¥550	¥550	¥550	¥550	¥550	¥550	¥550	¥550	¥550	¥550	¥550	¥550	¥550	¥550	¥550
山口県公立高					¥550	¥550	¥550	¥550	¥550	¥550	¥550	¥550	¥550	¥550	¥550	¥550	¥550
香川県公立高					¥550	¥550	¥550	¥550	¥550	¥550	¥550	¥550	¥550	¥550	¥550	¥550	¥550
愛媛県公立高					¥550	¥550	¥550	¥550	¥550	¥550	¥550	¥550	¥550	¥550	¥550	¥550	¥550
福岡県公立高				¥550	¥550	¥550	¥550	¥550	¥550	¥550	¥550	¥550	¥550	¥550	¥550	¥550	¥550
長崎県公立高					¥550	¥550	¥550	¥550	¥550	¥550	¥550	¥550	¥550	¥550	¥550	¥550	¥550
熊本県公立高（選択問題Ａ）													¥550	¥550	¥550	¥550	¥550
熊本県公立高（選択問題Ｂ）													¥550	¥550	¥550	¥550	¥550
熊本県公立高（共通）					¥550	¥550	¥550	¥550	¥550	¥550	¥550	¥550	×	×	×	×	×
大分県公立高					¥550	¥550	¥550	¥550	¥550	¥550	¥550	¥550	¥550	¥550	¥550	¥550	¥550
鹿児島県公立高					¥550	¥550	¥550	¥550	¥550	¥550	¥550	¥550	¥550	¥550	¥550	¥550	¥550

受験生のみなさんへ

英俊社の高校入試対策問題集

各書籍のくわしい内容はこちら→

近畿の高校入試シリーズ

最新の近畿の入試問題から良問を精選。
私立・公立どちらにも対応できる定評ある問題集です。

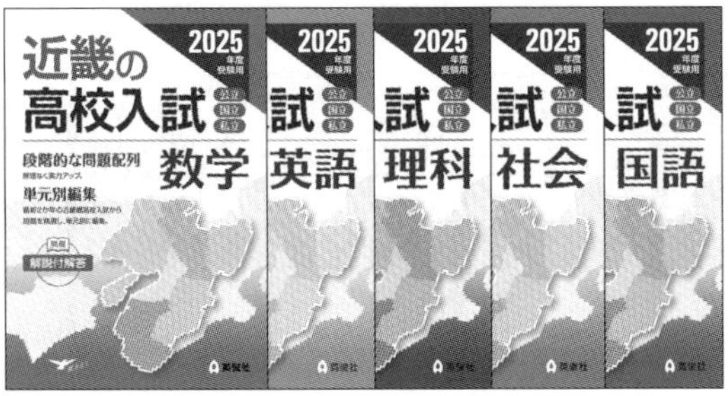

近畿の高校入試シリーズ

中1･2の復習

近畿の入試問題から１・２年生までの範囲で解ける良問を精選。
高校入試の基礎固めに最適な問題集です。

最難関高校シリーズ

最難関高校を志望する受験生諸君におすすめのハイレベル問題集。
灘、洛南、西大和学園、久留米大学附設、ラ・サールの最新７か年入試問題を単元別に分類して収録しています。

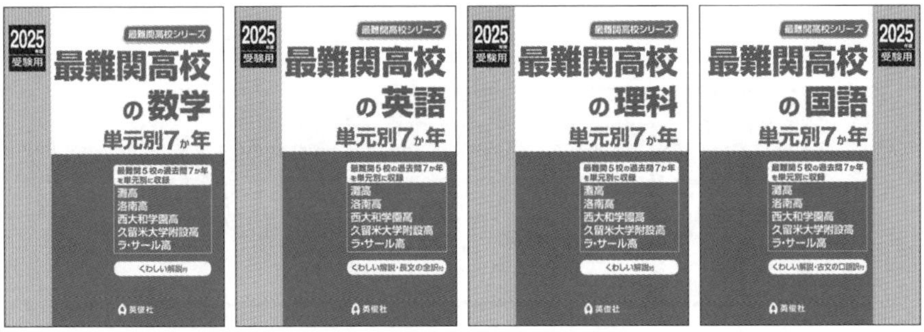

ニューウイングシリーズ　出題率

入試での出題率を徹底分析。出題率の高い単元、問題に集中して効率よく学習できます。

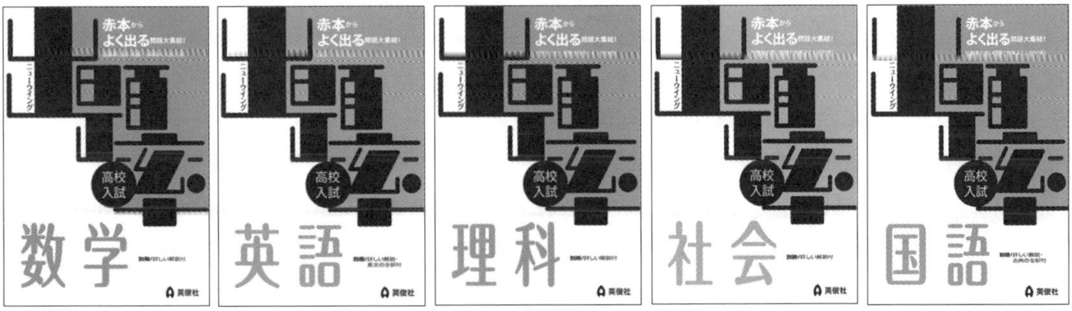

近道問題シリーズ

重要ポイントに絞ったコンパクトな問題集。苦手分野の集中トレーニングに最適です！

数学5分冊

01 式と計算
02 方程式・確率・資料の活用
03 関数とグラフ
04 図形〈1・2年分野〉
05 図形〈3年分野〉

英語6分冊

06 単語・連語・会話表現
07 英文法
08 文の書きかえ・英作文
09 長文基礎
10 長文実践
11 リスニング

理科6分冊

12 物理
13 化学
14 生物・地学
15 理科計算
16 理科記述
17 理科知識

社会4分冊

18 地理
19 歴史
20 公民
21 社会の応用問題 ー資料読解・記述ー

国語5分冊

22 漢字・ことばの知識
23 文法
24 長文読解 ー攻略法の基本ー
25 長文読解 ー攻略法の実践ー
26 古典

学校・塾の指導者の先生方へ

赤本収録の**入試問題データベース**を利用して、**オリジナルプリント教材**を作成していただけるサービスが登場!!　生徒**ひとりひとりに合わせた**教材作りが可能です。

プリント教材作成システム
KAWASEMI Lite

くわしくは KAWASEMI Lite 検索 で検索！
まずは**無料体験版**をぜひお試しください。

※指導者の先生方向けの専用サービスです。受験生など個人の方はご利用いただけませんので、ご注意ください。

公立高校入試対策シリーズ 3029－2

❖もくじ

●公立入試はこうだ！

●過去５か年の公立高入試問題

〈英語長文の全訳，古文の口語訳を付けてある〉

（注）　著作権の都合により，実際に使用された写真と異なる場合があります。　（編集部）

2020～2024年度のリスニング音声（書籍収録分すべて）は
英俊社ウェブサイト「リスもん」から再生できます。
https://book.eisyun.jp/products/listening/index/

再生の際に必要な入力コード→ **74823659**
（コードの使用期限：2025年７月末日）

リスもん
リスニング問題　音声再生ウェブページ

スマホはこちら ——→

※音声は英俊社で作成したものです。

❖2025年度特色選抜の概要について

1．特色選抜の概要

● 全日制課程の専門学科，総合学科，普通科の一部のコースで実施する。

● 募集人員や検査成績，調査書成績の満点等は，各高校によって異なる。詳細については，4～6ページの「**特色選抜(実施検査と配点)**」を参照。

● 調査書の特別な取扱いによる合否判定を実施する学校がある。

①検査の種類と検査成績

各高校は，学力検査を実施するとともに，学校独自検査，面接，実技検査の中から1種類以上の検査を実施する。

各検査の合計点を**検査成績**とする。

● **学力検査**…必ず実施

奈良県教育委員会が作成する国語，数学，英語の3教科（各40点満点）の学力検査を各30分で実施する。また，高校によっては学力検査の合計点に加重配点を行う場合等がある。

各高校は，学力検査に加え次の3種類の検査のうちから1つ以上を選んで実施する。

● **学校独自検査**…高校が選択して実施

独自問題，口頭試問，自己表現に関するもの(作文，小論文を含む)等，高校が独自に検査を作成して実施する。

● **面接**…高校が選択して実施

個人面接，集団面接等を実施する。

志願者自身が記入して出願時に提出する**自己アピール文**を資料として，面接を実施する。ただし，この**自己アピール文**そのものは点数化しない。

面接では，志望動機や将来の希望，高校生活への意欲や抱負等について問う。

● **実技検査**…高校が選択して実施

農業（山辺高校自立支援農業科のみ），体育及び芸術に関する学科（コース）で実施する。

②調査書成績　調査書点（各教科15点満点で9教科合計135点満点）に，高校が重視する教科に加重配点を行う場合がある。また，体育に関する学科では，「**特技に関する記録〔体育〕**」（体育に関する活動成果についての客観的な資料）を点数化し，調査書点に加算する。

調査書点，または調査書点に加重配点を行った点数や特技に関する記録〔体育〕の得点を加算したものを，**調査書成績**とする。

③合否の判定　**検査成績**，**調査書成績**及び調査書のその他の記載事項を資料として，総合的

に合否を判定する。

特色選抜で合格した場合は，必ず入学するものとする。

※調査書の特別な取扱い

実施する高校は，募集人員の一部について，調査書のその他の記載事項の中で重視する事項を定めて点数化して**調査書成績**に加算する。

この場合，特色選抜の募集人員から調査書の特別な取扱いによる合格人数枠を除いた人数を，上記③の合否の判定により選抜した後に，まだ合格となっていない受検者を対象として，加算された**調査書成績**，**検査成績**等を資料として，総合的に合否を判定する。

2．2025年度募集日程

①特色選抜　願書受付最終日：2025年2月13日(木)
学力検査等　：2025年2月18日(火)・19日(水)
合格発表　：2025年2月26日(水)

②一般選抜　願書受付最終日：2025年3月6日(木)
学力検査等　：2025年3月11日(火)
合格発表　：2025年3月18日(火)

※特色選抜で合格者数が募集人員に満たなかった学科(コース)の合格発表は3月17日(月)

特色選抜（実施検査と配点）

表の見方

・募集人員

記載されている人数は，予定の人数。また，100％と記載されている場合は，その学科（コース）の定員のすべてを特色選抜で募集することを表している。

・学力検査

1教科30分で国語，数学，英語の3教科（各40点満点）の検査を実施する。記載されている数字は，3教科の合計点数。

なお，学科（コース）によって加重配点を行う場合がある。例えば，240点と記載されている場合は，3教科の合計点（120点満点）を2倍，180点と記載されている場合は1.5倍する加重配点となる。

学力検査の問題は奈良県教育委員会が作成する。英語の学力検査には，聞き取り検査を含む。

・学校独自検査

実施校は，「独自問題」「口頭試問」「自己表現（作文・小論文）」等の検査問題で検査を行う。

・面接

志願者自身が記入して出願時に提出した「自己アピール文」を面接の際の資料とする。

・調査書成績

各教科とも15点満点で，9教科合計は135点満点となる。

学科（コース）によって加重配点を行う場合がある。加重配点を行う教科の満点は，（　）内の点数を加算したものになる。例えば，数学（15）の場合，数学は30点満点となる。

・調査書の特別な取扱い

特色選抜の募集人員の内，「調査書の特別な取扱い」によって合格となる最大人数を「合格人数枠」として示している。

学校名	学科（コース名）	募集人員	実施検査等の種類・配点					調査書成績		調査書の特別な取扱い	
			学力検査成績の満点	学校独自検査	面接	実技検査	検査成績の満点	調査書において重視する教科（加重配点）等	調査書成績の満点	合格人数枠	満点
奈良商工	機械工学	各100％	120	―――	40	－	160	―――	135	14名	20点
	情報工学									7名	
	建築工学									7名	
	総合ビジネス									16名	
	情報ビジネス									8名	
	観光									8名	
国際	国際科plus	各100％	120	50 独自問題（ライティング） 口頭試問	－	－	170	―――	135	8名	10点
	国際科									8名	
山辺	総合学科	各100％	120	―――	40	－	160	―――	135	－	－
	農業探究				40						
	自立支援農業				40	60	220				
高円芸術	音楽	各100％	120	20 独自問題（音楽）	－	170	310	―――	135	3名	20点
	美術			―――		150	270			－	－
	デザイン										
添上	普通（人文探究）	各100％	120	45 自己表現（作文）	－	－	165	―――	135	4名	10点
	スポーツサイエンス			―――	80	200	400	保健体育（15），特技に関する記録〔体育〕（50）	200	－	－
二階堂	キャリアデザイン	100％	120	―――	40	－	160	―――	135	10名	10点
商業	商業科※	100％	120	―――	40	－	160	―――	135	30名	20点

※国際高校の学校独自検査は，独自問題（ライティング）を20点満点，口頭試問を30点満点とする。

※商業高校の会計科，情報ビジネス科，経営ビジネス科，総合ビジネス科の4学科をまとめて，商業科として募集。

<table>
<tr><th rowspan="2">学校名</th><th rowspan="2">学科
(コース名)</th><th rowspan="2">募集
人員</th><th colspan="5">実施検査等の種類・配点</th><th colspan="2">調査書成績</th><th colspan="2">調査書の特別な取扱い</th></tr>
<tr><th>学力検査成績の満点</th><th>学校独自検査</th><th>面接</th><th>実技検査</th><th>検査成績の満点</th><th>調査書において重視する教科(加重配点)等</th><th>調査書成績の満点</th><th>合格人数枠</th><th>満点</th></tr>
<tr><td>桜井</td><td>普通
(書芸)</td><td>100%</td><td>120</td><td>――</td><td>－</td><td>80</td><td>200</td><td>国語(15)</td><td>150</td><td>3名</td><td>10点</td></tr>
<tr><td>五條</td><td>商業</td><td>100%</td><td>120</td><td>――</td><td>40</td><td>－</td><td>160</td><td>――</td><td>135</td><td>－</td><td>－</td></tr>
<tr><td rowspan="5">御所実業</td><td>環境緑地</td><td rowspan="5">各
100%</td><td rowspan="5">120</td><td rowspan="5">――</td><td rowspan="5">90</td><td rowspan="5">－</td><td rowspan="5">210</td><td rowspan="5">――</td><td rowspan="5">135</td><td>3名</td><td rowspan="5">10点</td></tr>
<tr><td>機械工学</td><td>7名</td></tr>
<tr><td>電気工学</td><td>3名</td></tr>
<tr><td>都市工学</td><td>3名</td></tr>
<tr><td>薬品科学</td><td>3名</td></tr>
<tr><td rowspan="3">宇陀</td><td>普通</td><td rowspan="3">各
100%</td><td rowspan="3">180</td><td rowspan="3">――</td><td rowspan="3">90</td><td rowspan="3">－</td><td rowspan="3">270</td><td>社会(30),理科(30)</td><td rowspan="3">195</td><td>8名</td><td rowspan="3">20点</td></tr>
<tr><td>情報科学</td><td>数学(30),理科(30)</td><td>4名</td></tr>
<tr><td>こども・福祉</td><td>音楽(15),美術(15),
保健体育(15),
技術・家庭(15)</td><td>8名</td></tr>
<tr><td rowspan="2">法隆寺国際</td><td>歴史文化</td><td rowspan="2">各
100%</td><td rowspan="2">120</td><td>40
自己表現(作文･小論文)</td><td rowspan="2">－</td><td rowspan="2">－</td><td rowspan="2">160</td><td>社会(30)</td><td>165</td><td rowspan="2">－</td><td rowspan="2">－</td></tr>
<tr><td>総合英語</td><td>40
口頭試問</td><td>英語(15)</td><td>150</td></tr>
<tr><td rowspan="12">磯城野</td><td>農業科学
(食料生産)</td><td rowspan="12">各
100%</td><td rowspan="12">120</td><td rowspan="12">――</td><td rowspan="12">40</td><td rowspan="12">－</td><td rowspan="12">160</td><td rowspan="12">――</td><td rowspan="12">135</td><td rowspan="12">－</td><td rowspan="12">－</td></tr>
<tr><td>農業科学
(動物活用)</td></tr>
<tr><td>施設園芸
(施設野菜)</td></tr>
<tr><td>施設園芸
(施設草花)</td></tr>
<tr><td>バイオ技術
(生物未来)</td></tr>
<tr><td>バイオ技術
(食品科学)</td></tr>
<tr><td>環境デザイン
(造園緑化)</td></tr>
<tr><td>環境デザイン
(緑化デザイン)</td></tr>
<tr><td>フードデザイン
(シェフ)</td></tr>
<tr><td>フードデザイン
(パティシエ)</td></tr>
<tr><td>ファッションクリエイト</td></tr>
<tr><td>ヒューマンライフ</td></tr>
<tr><td rowspan="2">高取国際</td><td>国際英語</td><td rowspan="2">各
100%</td><td rowspan="2">120</td><td rowspan="2">40
口頭試問</td><td rowspan="2">－</td><td rowspan="2">－</td><td rowspan="2">160</td><td rowspan="2">――</td><td rowspan="2">135</td><td rowspan="2">－</td><td rowspan="2">－</td></tr>
<tr><td>国際コミュニケーション</td></tr>
<tr><td rowspan="3">王寺工業</td><td>機械工学</td><td rowspan="3">各
100%</td><td rowspan="3">120</td><td rowspan="3">40
独自問題</td><td rowspan="3">－</td><td rowspan="3">－</td><td rowspan="3">160</td><td rowspan="3">――</td><td rowspan="3">135</td><td rowspan="3">－</td><td rowspan="3">－</td></tr>
<tr><td>電気工学</td></tr>
<tr><td>情報電子工学</td></tr>
</table>

学校名	学科（コース名）	募集人員	実施検査等の種類・配点					調査書成績		調査書の特別な取扱い	
			学力検査成績の満点	学校独自検査	面接	実技検査	検査成績の満点	調査書において重視する教科（加重配点）等	調査書成績の満点	合格人数枠	満点
大和広陵	生涯スポーツ	100％	120	――	−	150	270	保健体育（15） 特技に関する記録〔体育〕（30）	180	−	−
奈良南	普通	各100％	120	――	60	−	180	――	135	4名	20点
	建築探究									2名	
	森林・土木探究									2名	
	情報科学									4名	
	総合学科									4名	
十津川	総合学科	100％	120	――	60	−	180	――	135	−	−
大和高田市立 高田商業	商業	100％	120		40	−	160		135	20名	20点

学校独自検査の具体的な内容

国際：【独自問題（ライティング）】英作文等によって英語で表現する力をみる。
【口頭試問】個人面接方式で，英語で表現する力をみる。1人7分程度。

高円芸術　音楽：【独自問題（音楽）】中学校音楽科の聴音についての学力をみる。
聴音：旋律を聴いて書き取る検査（調号1つまでの8小節程度の旋律の記譜）

添上　普通（人文探究）：【自己表現（作文）】これまでの探究活動と添上高校でチャレンジしたい探究活動について書く。

法隆寺国際　歴史文化：【自己表現（作文・小論文）】提示された日本の歴史・文化に関する資料をもとにして，そこからわかることと自分の意見を文章で表現する。

法隆寺国際　総合英語：【口頭試問】個人面接形式で口頭試問を行う。英語の音読とすべて英語による応答で，「聞くこと」「話すこと」「読むこと」についての検査を行う。1人6分程度。

高取国際：【口頭試問】個人面接形式で口頭試問を実施する。英語の課題文を提示し，音読や，課題文に関する英語での応答により，「聞くこと」「話すこと」「読むこと」の領域についての学力をみる。1人5分程度。

王寺工業：【独自問題】・示された立体図を基にして，この立体の展開図を解答用紙に描く。
・示された立体図を基にして，この立体図の正面図・平面図・右側面図を第三角法による投影図で解答用紙に描く。
○受検者が準備するもの→コンパス，直定規，三角定規，筆記用具

県立大和中央高校入学者選抜実施概要（定時制課程）

選抜名	部名	学科名	選抜の趣旨	募集人員	実施検査等の種類・配点		
					学力検査 国語，数学，英語3教科の満点	面接	検査成績の満点
A選抜	Ⅰ部	普通	二部制単位制高校における各部の特徴をよく理解し，自分自身の興味・関心，能力，適性や進路希望に基づいて主体的に科目選択を行い，こつこつとまじめに学ぶ意欲のある生徒を募集します。	各部100％	120 （各教科40点満点）	50	170
	Ⅱ部						
B選抜	Ⅰ部	普通			作文50	50	100
	Ⅱ部						

注1）A選抜における学力検査問題は，特色選抜の県教委作成問題を使用する。
注2）B選抜は二次募集と同時期に実施する。

❖2024年度特色選抜　募集人員と出願状況

（2023年度倍率付）

校名	学科（コース）名	募集人員	出願者数	2024年倍率	2023年倍率
奈良商工	機械工学	74	58	0.78	1.20
	情報工学	37	43	1.16	1.32
	建築工学	37	30	0.81	1.57
	総合ビジネス	80	95	1.19	1.43
	情報ビジネス	40	50	1.25	1.68
	観光	40	75	1.88	1.10
国　際	国際（国際科 plus）	32	44	1.38	1.22
	国際（国際科 plus 以外）	80	106	1.33	1.43
山　辺	総合	60	31	0.52	—
	農業探究	20	14	0.70	—
	自立支援農業	20	11	0.55	0.40
高円芸術	音楽	35	19	0.54	0.74
	美術	35	36	1.03	1.11
	デザイン	35	43	1.23	1.17
添　上	普通（人文探究コース）	40	48	1.20	0.58
	スポーツサイエンス	40	44	1.10	0.78
二階堂	キャリアデザイン	200	126	0.63	0.55
商　業	商　業	200	246	1.23	1.06
桜　井	普通（書芸コース）	35	26	0.74	1.06
五　條	商　業	40	33	0.83	1.28
御所実業	環境緑地	37	41	1.11	0.86
	機械工学	74	49	0.66	1.03
	電気工学	37	30	0.81	0.81
	都市工学	37	32	0.86	0.76
	薬品科学	37	28	0.76	1.16
宇　陀	普通	80	54	0.68	0.71
	情報科学	40	51	1.28	0.78
	こども・福祉	80	32	0.40	0.45
法隆寺国際	歴史文化	40	46	1.15	1.28
	総合英語	75	76	1.01	1.21
磯城野	農業科学（食料生産コース）	18	26	1.44	0.94
	農業科学（動物活用コース）	19	19	1.00	1.68
	施設園芸（施設野菜コース）	19	29	1.53	1.05
	施設園芸（施設草花コース）	18	14	0.78	0.94
	バイオ技術（生物未来コース）	18	20	1.11	1.06
	バイオ技術（食品科学コース）	19	24	1.26	1.11
	環境デザイン（造園緑化コース）	19	16	0.84	1.42
	環境デザイン（緑化デザインコース）	18	15	0.83	1.06
	フードデザイン（シェフコース）	20	33	1.65	1.40
	フードデザイン（パティシエコース）	20	34	1.70	1.35
	ファッションクリエイト	40	30	0.75	1.10
	ヒューマンライフ	40	47	1.18	1.10
高取国際	国際英語	40	34	0.85	0.55
	国際コミュニケーション	75	67	0.89	1.31
王寺工業	機械工学	74	60	0.81	1.08
	電気工学	74	42	0.57	0.58
	情報電子工学	74	61	0.82	0.88
大和広陵	生涯スポーツ	40	44	1.10	0.83
奈良南	普通	40	44	1.10	0.73
	情報科学	40	27	0.68	0.63
	総合	40	30	0.75	0.48
	建築探究	20	1	0.05	—
	森林・土木探究	20	2	0.10	—
十津川	総合	40	23	0.58	0.58
	県　立　計	2,562	2,359	0.92	0.93
高田商業	商　業	200	261	1.31	0.98
西吉野農業	農　業	30	17	0.57	0.63
	市　立　計	230	278	1.21	0.93
	合　計	2,792	2,637	0.94	0.93

〈大和中央高等学校入学者A選抜〉

校名	部・学科名	募集人員	出願者数	成人特例措置（内数）
大和中央	Ⅰ部・普通	75	49	1
	Ⅱ部・普通	75	67	0

〈帰国生徒等特例措置（帰国生徒等特例選抜，帰国生徒等特例措置）〉

校名	学科名	募集人員	出願者数
国　際	国際（国際科 plus）	5	2
法隆寺国際	総合英語	若干名	5
高取国際	国際コミュニケーション	若干名	3

〈奈良市立一条高等学校推薦選抜〉

校名	学科名	募集人員	出願者数	2024年倍率	2023年倍率
一　条	外国語	80	135	1.69	1.39

❖傾向と対策〈数学〉

出題傾向

		数と式							方程式						関数					図形								資料の活用	
		数の計算	数の性質	平方根の計算	平方根の性質	文字式の利用	式の計算	式の展開・因数分解	一次方程式の計算	一次方程式の応用	連立方程式の計算	連立方程式の応用	二次方程式の計算	二次方程式の応用	比例・反比例	一次関数	関数 $y=ax^2$	いろいろな事象と関数	関数と図形	図形の性質	平面図形の計量	空間図形の計量	図形の証明	作図	中3単元 相似	中3単元 三平方の定理	中3単元 円周角の定理	場合の数・確率	資料の分析と活用・標本調査
2024年度	特色選抜	○		○		○	○	○					○			○			○		○	○	○	○	○	○	○	○	○
2023年度	特色選抜	○		○		○	○	○					○			○			○	○	○		○	○	○	○	○	○	○
2022年度	特色選抜	○		○	○	○	○	○					○				○		○		○		○	○	○		○	○	○
2021年度	特色選抜	○		○	○	○	○	○					○		○	○			○		○		○	○	○		○	○	○
2020年度	特色選抜	○		○		○	○	○					○			○			○		○	○	○	○	○	○		○	○

出題分析

★数と式…………正負の数の簡単な計算や平方根の計算，多項式の加減，単項式の乗除，式の展開などが出題されている。また，数量の関係を文字で表すなど，文字式を利用する問題もよく出題されている。

★方程式…………２次方程式の計算問題を中心に出題されている。

★関　数…………図形の内容と関連させた問題が主となっており，グラフの式，座標，比例定数，変域などを求める問題のほか，長さや面積，回転体の体積を求める問題などが出題されている。

★図　形…………合同，相似，三平方の定理，円の性質などを利用した問題が，幅広い題材で出題されている。また，作図と証明が毎年出題されているので，学習しておこう。空間図形の性質や計量に関する基本的な問題が出題されることもある。

★資料の活用……カードやさいころといった基本的な題材についての確率の問題が出題されている。また，箱ひげ図や度数分布表などの資料を活用する問題も出題されている。

来年度の対策

全体としては標準レベルだが，やや難易度の高い問題も含まれるので，時間配分には気をつけよう。作図や証明は素早く処理できるように，日頃から練習をしておくとよいだろう。また，幅広い単元・題材からまんべんなく出題されているので，苦手単元をなくしておくことが重要になる。「**数学の近道問題シリーズ**（全５冊）」（英俊社）から苦手単元を選んでやっておくとよい。全体的な復習を効率良く行いたい人は，出題率を詳しく分析し，高校入試でよく出題される問題を中心に編集された「**ニューウイング 出題率 数学**」（英俊社）を活用しよう。

合否を分けるのは，関数，図形の大問になる。関数の問題は図形と関連した問題を幅広く学習しておこう。図形の問題は，円周角の定理，相似をスムーズに使いこなせるようになっておくと，高得点につながるだろう。

❖傾向と対策〈英語〉

出題傾向

		放送問題	語い	音声			英文法					英作文			読解		長文問題										
				語の発音	語のアクセント	文の区切り・強勢	語形変化	英文完成	同意文完成	指示による書きかえ	正誤判断	整序作文	和文英訳	その他の英作文	問答・応答	絵や表を見て答える問題	会話文	長文読解	長文総合	設問の内容							
																				音声・語い	文法事項	英文和訳	英作文	内容把握	文の整序・挿入	英問英答	要約
2024 年度	特色選抜	○												○			○	○						○	○	○	
2023 年度	特色選抜	○												○			○	○	○					○	○	○	○
2022 年度	特色選抜	○												○	○			○	○					○		○	○
2021 年度	特色選抜	○												○			○		○					○	○	○	
2020 年度	特色選抜	○														○	○		○				○	○	○	○	

出題分析

★読解問題は，比較的短めのものが複数出題されている。内容把握に関する問題が多く，英問英答や文挿入なども出題されている。また，条件に合うように自分の意見を書く作文問題が毎年出題されている。

★リスニングテストでは会話文の内容に合う絵を選ぶ問題や，英文の内容についての質問の答えを選ぶ問題が出題されている。

来年度の対策

①長文になれておくこと！

日ごろからできるだけたくさんの長文を読み，大意をつかみながらスピードをあげて読めるようになっておきたい。会話文も出題されているので，基本的な会話表現は必ず覚えておこう。**英語の近道問題シリーズ**の「**長文基礎**」(英俊社) をやっておくとよい。

②リスニングに慣れておくこと！

リスニングは今後も実施されると思われるので，日ごろからネイティブスピーカーの話す英語に慣れておこう。

③効率的な学習を心がけること！

日常ではもちろん，入試間近では，特に大切なことである。これにピッタリの問題集が「**ニューウイング 出題率 英語**」(英俊社) だ。過去の入試問題を詳しく分析し，出題される確率が高い形式の問題を中心に編集してある。これを使って仕上げておけば心強い。

❖傾向と対策〈国語〉

出題傾向

		現代文の読解									国語の知識									作文		古文・漢文								
		内容把握	原因・理由	接続語	適語挿入	脱文挿入	段落の働き・論の展開	要旨・主題	心情把握・人物把握	表現把握	漢字の読み書き	漢字・熟語の知識	ことばの知識	慣用句・ことわざ・四字熟語	文法	敬語	文学史	韻文の知識	表現技法	課題作文・条件作文	短文作成・表現力	読解問題	主語・動作主把握	会話文・心中文	要旨・主題	古語の意味・口語訳	仮名遣い	文法・係り結び	返り点・書き下し文	古文・漢文・漢詩の知識
2024 年度	特色選抜	○					○	○			○	○			○						○	○				○	○			
2023 年度	特色選抜	○					○	○			○	○				○					○	○		○			○			
2022 年度	特色選抜	○	○								○				○						○	○				○	○			
2021 年度	特色選抜	○	○							○	○		○		○						○	○					○			
2020 年度	特色選抜	○							○		○		○								○	○				○	○			

【出典】

2024年度　1論理的文章　今井むつみ・秋田喜美「言語の本質」　2古文 「独ごと」

2023年度　1論理的文章　小林紀晴「写真はわからない　撮る・読む・伝える――『体験的』写真論」
2古文 「今昔物語集」

2022年度　1文学的文章　髙柳克弘「究極の俳句」　3古文　「枕草子」
2021年度　1文学的文章　阿久津　隆「本の読める場所を求めて」　2古文　「徒然草」
2020年度　1文学的文章　白井明大「希望はいつも当たり前の言葉で語られる」
2古文　「玉勝間」

出題分析

★現代文…………素材文は，文学的文章がよく出されており，内容把握の問題が中心となっている。国語の知識や，40～80 字程度で自分の意見を述べる短文作成の問題もある。

★古　文…………古文の知識より内容把握がよく問われているので，短い本文から内容を的確に読み取る力が必要とされている。

★国語の知識……現代文のなかで，熟語やことばの知識，文法，漢字の読み書きが 2～4 問ほど出題されている。また，楷書で文を丁寧に書く書写の問題もある。

来年度の対策

過去の出題内容，出題パターンをしっかりと研究して，本番に臨みたい。

文法・漢字については基本的な出題が多いので，日頃からの取り組みによって確実に身につけておくこと。

長文総合問題では，読解力をみるものが主である。普段からできる限り多くの文章を読んで，読解力の向上に努めると同時に，実際に問題演習をきちんとこなすことが大切だ。また，読んだ内容を要約すると記述力の向上につながる。

古文は問題数は少ないが，内容をしっかりと理解することが求められるので，いろいろな文章に触れて確実に得点へとつなげられるようにしておこう。

短文作成は課題と条件が与えられるので，過去の問題でしっかり練習しておくこと。記述力が求められるので，例えば日常の身近なできごとを 50～100 字程度にまとめるなどして，簡潔に考えを述べる練習をしておきたい。

「**書写**」は毎年出題されている。行書，楷書に関する知識を持っておくのはもちろん，文字は正しい筆順で丁寧に書くように心がけることが肝心である。

「**国語の近道問題シリーズ**（全 5 冊）」（英俊社）は薄手ながら解説が詳しいので，弱点の克服にはもってこいの問題集である。苦手分野をできるだけなくしておくことが，合否に直結するので，ぜひやっておいてほしい。特に，「**長文読解―攻略法の基本―**」「**長文読解―攻略法の実践―**」「**古典**」がおすすめである。また，出題率の高い問題を集めた「**ニューウイング 出題率 国語**」（英俊社）に取り組めば，入試に向けて自信がつくだろう。

【**写真協力**】　ピクスタ株式会社

~MEMO~

~MEMO~

~MEMO~

奈良県公立高等学校
(特色選抜)
―共通問題―

2024年度
入学試験問題

※奈良県教育委員会が作成した検査問題を収録しています。この検査問題を使用して特色選抜を実施した学校は次頁の通りです。

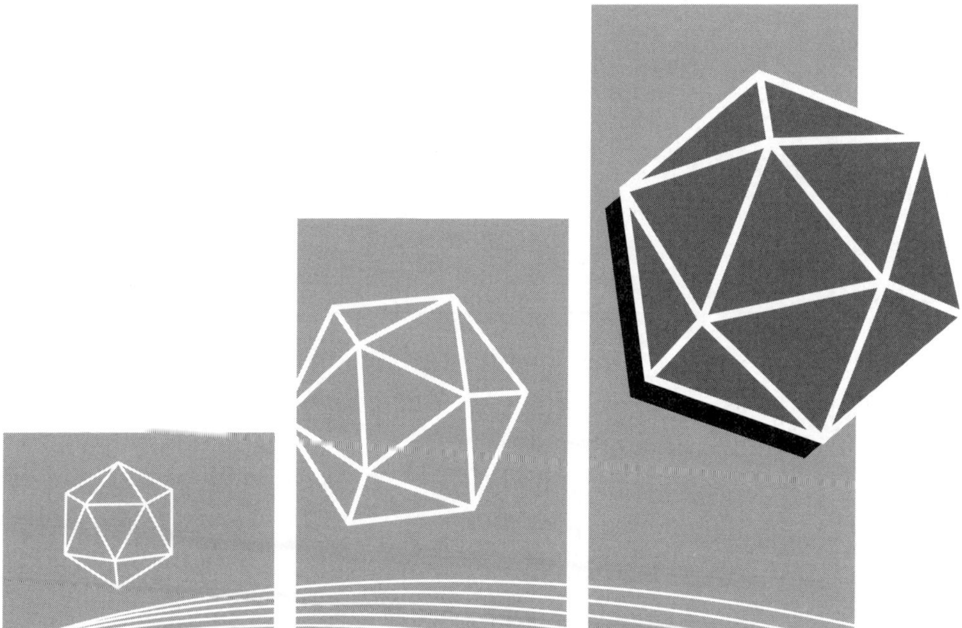

■県教委作成検査問題（共通問題）を使用した特色選抜実施校の検査科目と配点

学校名	学科・コース名	配点			
		数学	英語	国語	その他
奈良商工	機械工学　情報工学 建築工学　総合ビジネス 情報ビジネス　観光	40	40	40	面接(40)
国際	国際科plus　国際	40	40	40	独自検査(50)＊2
山辺	総合　農業探究	40	40	40	面接(40)
	自立支援農業	40	40	40	面接(40)／実技(60)
高円芸術	音楽	40	40	40	音楽(20)／実技(170)
	美術　デザイン	40	40	40	実技(150)
添上	普通(人文探究)	40	40	40	作文(45)
	スポーツサイエンス	40	40	40	面接(80)／実技(200)
二階堂	キャリアデザイン	40	40	40	面接(40)
商業	商業	40	40	40	面接(40)
桜井	普通(書芸)	40	40	40	実技(80)
五條	商業	40	40	40	面接(40)
御所実業	環境緑地　機械工学 電気工学　都市工学 薬品科学	40	40	40	面接(90)
宇陀	普通　情報科学	＊1	＊1	＊1	面接(60)
	こども・福祉	＊1	＊1	＊1	面接(90)
法隆寺国際	歴史文化	40	40	40	作文・小論文(40)
	総合英語	40	40	40	口頭試問(40)
磯城野	農業科学(食料生産／動物活用) 施設園芸(施設野菜／施設草花) バイオ技術(生物未来／食品科学) 環境デザイン(造園緑化／緑化デザイン) フードデザイン(シェフ／パティシエ) ファッションクリエイト ヒューマンライフ	40	40	40	面接(40)
高取国際	国際英語 国際コミュニケーション	40	40	40	口頭試問(40)
王寺工業	機械工学　電気工学 情報電子工学	40	40	40	独自問題(40)＊3
大和広陵	生涯スポーツ	40	40	40	実技(150)
奈良南	普通　情報科学　総合 建築探究　森林・土木探究	40	40	40	面接(60)
十津川	総合	40	40	40	面接(60)
奈良市立一条	外国語〈推薦選抜〉　第1段階の選抜		＊4		＊4　すべての検査を受検する必要があります。
	第2段階の選抜	＊1	＊1	＊1	英語(60)
大和高田市立高田商業	商業	40	40	40	面接(40)

＊1：学力検査は3教科（各40点満点）の合計点を1.5倍にする。
＊2：独自問題（ライティング）が20点満点，口頭試問が30点満点。
＊3：示された立体図を基にして，この立体の展開図を解答用紙に描く。
示された立体図を基にして，この立体図の正面図，平面図，右側面図を第三角法による投影図で解答用紙に描く。
＊4：英語は合計で200点満点。

※配点欄の「その他」は，各学校が独自に作成した問題で実施された検査科目と配点を表しています。
これらの検査問題は本書には収録されておりません。

数学

時間 30分　　満点 別掲

1 次の各問いに答えよ。

(1) 次の①〜⑤を計算せよ。

① $3-(-2)$ (　　)

② $2(x-y)-4x-y$ (　　)

③ $4a^3b^2 \div 2ab$ (　　)

④ $(x+2)^2+x-7$ (　　)

⑤ $\sqrt{18}+2\sqrt{2}$ (　　)

(2) 2次方程式 $x^2+5x+6=0$ を解け。(　　)

(3) $a=-2$ のとき，次のア〜オのうちで，式の値が最も大きくなるものを1つ選び，その記号を書け。(　　)

ア $-a$　イ a^2　ウ $\dfrac{1}{a}$　エ $-\dfrac{1}{a}$　オ $\dfrac{1}{a^2}$

(4) 図1のように，1，2，3，4，5の数を書いたカードがそれぞれ1枚ずつある。この5枚のカードをよくきってから，2枚同時にカードをひく。このとき，ひいた2枚のカードに書かれた数の積が奇数である確率を求めよ。(　　)

図1

(5) 図2は，AB = 4cm，AD = 2cm，AE = 3cm の直方体である。この直方体の対角線AGの長さを求めよ。(　　cm)

図2

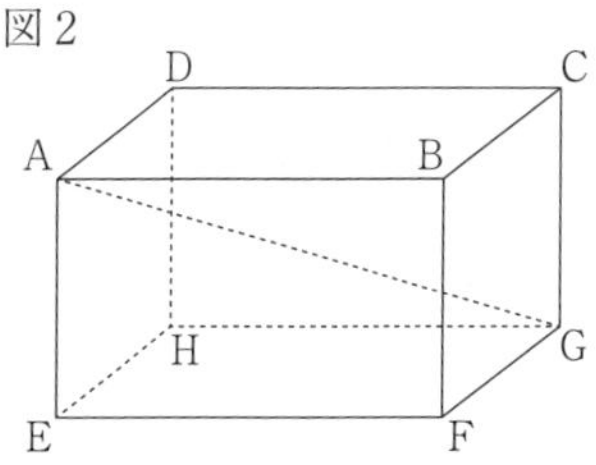

(6) 図3で，4点A，B，C，Dは円Oの周上にある。$\angle x$ の大きさを求めよ。(　　)

図3

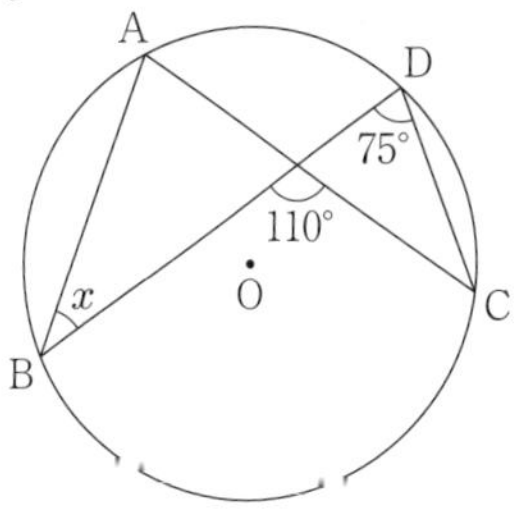

(7)　図4のように，直線ℓと2点A，Bがある。直線ℓ上にあり，2点A，Bから等しい距離にある点Pを，定規とコンパスを使って解答欄の枠内に作図せよ。なお，作図に使った線は消さずに残しておくこと。

図4

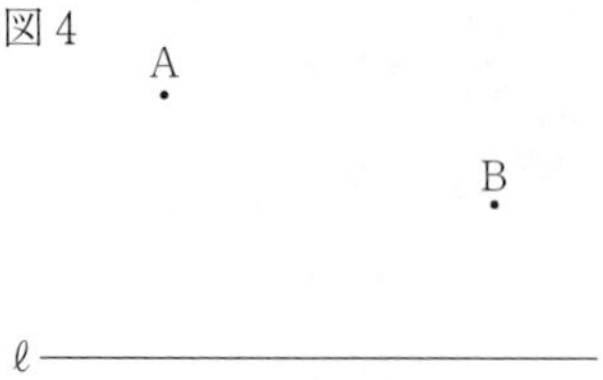

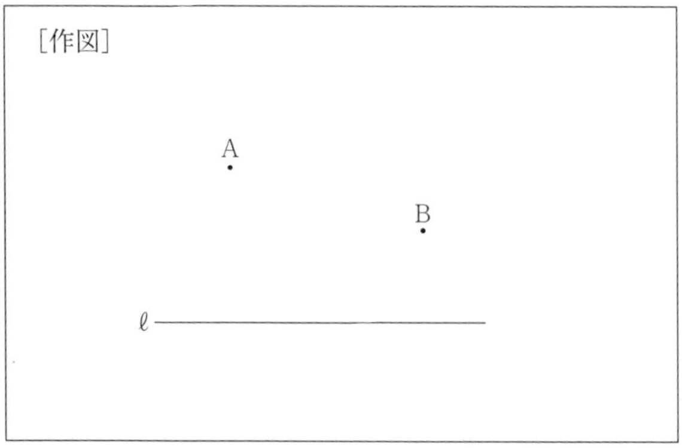

(8)　右の表は，ある中学校の3年生全生徒を対象に，通学時間を調査し，その結果をまとめたものである。この表から読み取ることができることがらとして適切なものを，次のア～オから全て選び，その記号を書け。(　　　)

階級(分)	度数(人)	累積度数(人)
以上　未満 0 ～ 10	2	2
10 ～ 20	6	8
20 ～ 30	10	18
30 ～ 40	15	33
40 ～ 50	3	36
50 ～ 60	4	40
計	40	―

ア　通学時間が50分以上の生徒の人数は，通学時間が30分未満の生徒の人数の2倍である。

イ　通学時間の最頻値(モード)は，30分である。

ウ　階級の幅は，60分である。

エ　通学時間が20分未満の生徒の累積相対度数は，0.20である。

オ　生徒Aの通学時間は，28分であった。生徒Aの通学時間は，3年生全生徒の通学時間の中央値(メジアン)よりも小さい。

2　右の図で，△ABCはAB = AC，∠BAC = 90°の直角二等辺三角形である。点Dは辺AC上の点，点Eは線分BD上の点であり，∠AED = 90°である。各問いに答えよ。

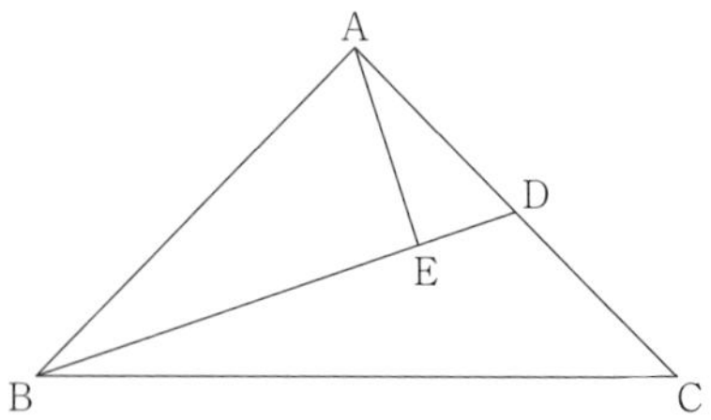

(1)　△ABD ∽ △EADを証明せよ。

(2)　∠EAD = a°とするとき，∠DBCの大きさをaを用いて表せ。(　　　)

(3)　点Dが辺ACの中点であるとき，△AEDの面積は△ABCの面積の何倍か。(　　　倍)

3　右の図で，直線 ℓ は関数 $y=-\dfrac{1}{2}x+3$ のグラフであり，点 A は直線 ℓ と y 軸との交点である。また，点 B の座標は（－ 2，4），点 C の座標は（－ 4，3）である。原点を O として，各問いに答えよ。

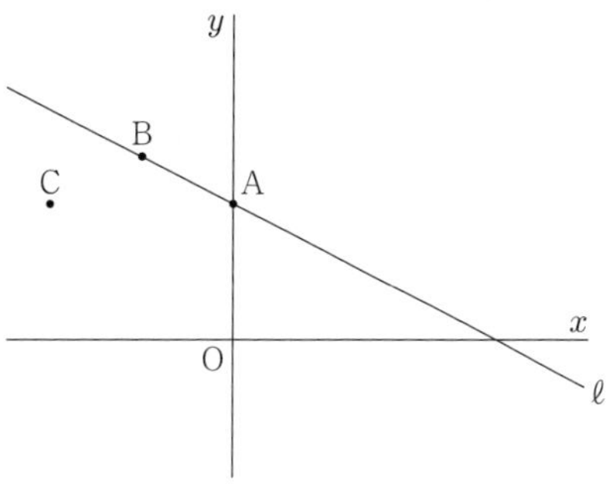

(1)　直線 ℓ 上にあって，x 座標，y 座標がともに正の整数である点は何個あるか。（　　　個）

(2)　2 点 B，C を通る直線の式を求めよ。（　　　）

(3)　直線 OC 上に点 P を，四角形 OABC の面積と△BCP の面積が等しくなるようにとる。このとき，点 P の座標を求めよ。ただし，点 P の x 座標は正の数とする。（　　　）

英語

時間　30分　　　満点　別掲

(編集部注)　放送問題の放送原稿は英語の末尾に掲載しています。
音声の再生についてはもくじをご覧ください。

1　放送を聞いて，各問いに答えよ。

(1)　①，②の英語の内容に合うものを，それぞれア～エから1つずつ選び，その記号を書け。なお，英語はそれぞれ1回ずつ流れる。①(　　　)　②(　　　)

①　ア

イ

ウ

エ

②　ア

さくらの予定	
月	書道部
火	
水	水泳教室
木	
金	水泳教室

イ

さくらの予定	
月	水泳教室
火	
水	書道部
木	
金	水泳教室

ウ

さくらの予定	
月	水泳教室
火	
水	
木	書道部
金	水泳教室

エ

さくらの予定	
月	水泳教室
火	
水	書道部
木	水泳教室
金	

(2)　①，②の会話の内容についての質問に対する答えとして最も適切なものを，それぞれア～エから1つずつ選び，その記号を書け。なお，会話と質問はそれぞれ1回ずつ行う。

①(　　　)　②(　　　)

①　〈職員室前での生徒と先生の会話〉

ア　To the teachers' room.　　イ　To the classroom.　　ウ　To the computer room.

エ　To the gym.

②　〈休み時間の生徒同士の会話〉

ア　They will watch a badminton game on TV.　　イ　They will play badminton.

ウ　They will get new rackets.　　エ　They will look for Bob's racket at his house.

(3)　英語の内容についての質問①，②に対する答えとして最も適切なものを，それぞれア～エから1つずつ選び，その記号を書け。なお，英語が2回流れた後，質問をそれぞれ2回ずつ行う。

①(　　　)　②(　　　)

①　ア　They grew tomatoes.　　イ　They sold tomatoes.　　ウ　They picked tomatoes.

エ　They cooked tomatoes.

②　ア　One day.　　イ　Two days.　　ウ　Three days.　　エ　One week.

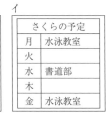

[2] 次の英文は，Harukaの家にホームステイをしている留学生SaraとHarukaの会話である。下の□内は，その日のことについてSaraがオーストラリアにいる母親に送ったメールの一部である。(①)～(③)に入る最も適切な英語を，それぞれア～エから1つずつ選び，その記号を書け。①(　　　)　②(　　　)　③(　　　)

Haruka: Dinner is ready! It's cold today, so I cooked *nabe*! The pot is hot. Be careful!

Sara: It smells nice! *Nabe* is my favorite because it's delicious and healthy. It makes our bodies warm in winter.

Haruka: We can enjoy a conversation more by sharing *nabe* together.

Sara: I think so, too. Itadakimasu! It's good!

Haruka: Thank you! By the way, I feel your Japanese is getting better.

Sara: Really? Thank you! By learning Japanese, I can understand Japanese people's way of thinking. For example, I thought *Itadakimasu* only meant "let's eat" before I came to Japan. However, I learned that the word is also used to thank the plants, animals, and all the ingredients in the meal.

Haruka: You are right. I also say *Itadakimasu* to thank the people involved in preparing the meal, such as farmers and people who cook.

Sara: I see. It's interesting.

Haruka: You are trying hard to learn Japanese. I'll do my best to learn English, too!

(注) pot：鍋　conversation：会話　ingredient：食材　involved in：～に関わっている

Dear mom,

How was your day today? It's cold in Japan now, so Haruka cooked *nabe*, a hot pot dish, for dinner tonight. It is a popular dish in Japan in winter. Vegetables, meat, and fish are cooked in soup in a big pot. *Nabe* makes our bodies warm. Haruka also says that *nabe* (①) to people who share the meal.

Haruka told me that my Japanese is getting better. I was happy to hear that. Learning Japanese gives me a chance to (②). For example, Japanese people say *Itadakimasu* before eating meals. It means "let's eat" in English. It is also used to (③). I really like this wonderful expression! I'll do my best to learn Japanese.

① ア shows the way to be a good cook
イ shows the Japanese traditional events
ウ brings the good beginning of a new year
エ brings good communication

② ア understand how Japanese people think
イ find how important learning English in Australia is
ウ learn about the culture of Australia

エ　imagine how Japanese words were used in the past

③　ア　communicate with people from foreign countries

イ　make meals more delicious and healthy

ウ　tell people around us that we are hungry

エ　thank the food and the people involved in preparing the meal

③ 高校生のAkiは，英語の授業でスピーチを行った。次の英文は，彼女のスピーチの一部である。各問いに答えよ。なお，英文の左側の［1］～［5］は各段落の番号を示している。

［1］ Do you use a *houki* to clean at home? I usually use one when I clean at school. Now, we have many kinds of vacuum cleaners and some of us even have robot cleaners. When I visited my grandmother during the holidays, she was cleaning her room with a *houki*. She actually has a vacuum cleaner, but she always uses a *houki* when she cleans. I asked her, "Why do you use a *houki*?" She answered, "I can clean all spaces in my house with a *houki*." I didn't understand why *houki* were so useful, so I wanted to know more about them.

［2］ ＿＿＿＿＿＿. First, we don't need electricity when we clean with a *houki*, so we can use it everywhere. Second, we don't have to worry about making a noise. So, *houki* are good for people who have small children or pets, and for people who want to clean at night. Third, a *houki* is not heavy like a vacuum cleaner and is easy to carry. Also, we don't need a large space to keep it. We can say *houki* are eco-friendly and functional tools.

［3］ I learned about different kinds of *houki* which people have used for a long time in Japan. Let me give you one example, *shuro houki*. They are usually used to clean in the house. They are strong and can be used for many years. Some people use them for more than ten years. The material of *shuro houki* is the bark of a tree. This material is soft and doesn't damage the floor or *tatami*. Also, when we clean, even tiny dust and hair won't fly away easily.

shuro houki
(シュロホウキ)

［4］ I also learned about the history of *houki* in Japan. A *houki* from the 5th century was discovered in Nara in 2004, and it is said that this *houki* is now the oldest in Japan. In ancient times, *houki* were often used as sacred tools to drive evil spirits away at ritual ceremonies. People have also used them as practical cleaning tools for many years in Japan. However, vacuum cleaners have been more popular since they appeared.

［5］ After learning about *houki*, I cleaned my house with a *houki*. It was especially useful when I cleaned the small corners of the room. I think vacuum cleaners are very convenient, but I found *houki* were practical tools, too. We have many new tools that use technology now, but I hope we will realize the value of old tools again.

(注) vacuum cleaner：掃除機　robot cleaner：ロボット掃除機　electricity：電気
functional：機能的な　material：素材　bark：樹皮　dust：ほこり
it is said that：～と言われている　ancient times：古代　drive ～ away：～を追い払う
evil spirit：悪霊《あくりょう》　ritual ceremony：儀式　practical：実用的な　value：価値

(1) 段落［1］の内容について，次の①，②の問いにそれぞれ3語以上の英語で答えよ。ただし，コンマやピリオドなどは語数に含めないこと。

① Does Aki use a *houki* at school?

(　　　　　　　　　　　　　　　　　　　　　　　　　　　　)

② Why does Aki's grandmother use a *houki*?

(　　　　　　　　　　　　　　　　　　　　　　　　　　　　　　　)

(2) 段落［2］の□内に入る英語として最も適切なものを，次のア～エから１つ選び，その記号を書け。(　　　)

ア I thought of some important points of making a *houki*

イ I thought of some special points for taking care of a *houki*

ウ I thought of some good points of using a *houki*

エ I thought of some interesting points about the history of *houki*

(3) 段落［3］で述べられている内容として適切なものを，次のア～エから１つ選び，その記号を書け。(　　　)

ア *Shuro houki* are cleaning tools that people have started to use recently.

イ It takes more than ten years to make a *shuro houki*.

ウ Using a *shuro houki* damages the floor or *tatami* because of its material.

エ *Shuro houki* are useful to catch tiny dust and hair.

(4) 段落［4］で述べられている内容として適切なものを，次のア～エから１つ選び，その記号を書け。(　　　)

ア *Houki* have a long history that began about 500 years ago.

イ *Houki* were used as sacred tools at ritual ceremonies in ancient times.

ウ *Houki* are practical cleaning tools that people have used since 2004.

エ *Houki* have been more popular than vacuum cleaners since vacuum cleaners appeared.

(5) 段落［5］で述べられている内容として適切なものを，次のア～エから１つ選び，その記号を書け。(　　　)

ア *Houki* are more convenient than vacuum cleaners when we clean.

イ *Houki* are especially useful when we clean large rooms.

ウ We should think about the value of convenient tools that use technology.

エ We should find good points of old tools again.

4　オーストラリアに住むMikeは，日本に住むTakeshiとメールで交流をしている。次のA，Bの［　　　］内は，それぞれMike，Takeshiのメールの一部である。あなたがTakeshiなら，Mikeの質問にどのように答えるか。［　　　］内に入る英語を20語程度で書け。ただし，1文または2文で書き，コンマやピリオドなどは語数に含めないこと。

(　　　　　　　　　　　　　　　　　　　　　　　　　　　　)

A

Hi Takeshi,
I want to visit Japan.
Which is the best season to travel to Japan?

B

Hi Mike,
Thank you for your e-mail.
I'm happy to hear that.
I will answer your question.
［　　　　　　　　］
If you have any more questions, please ask me.

〈放送原稿〉

(チャイム)

これから，2024年度奈良県公立高等学校入学者特色選抜学力検査問題英語の聞き取り検査を行います。放送中に問題用紙の空いているところに，メモを取ってもかまいません。

それでは，問題用紙の1を見なさい。1には，(1)～(3)の問題があります。

まず，(1)を見なさい。

(1)では，①，②の英語が流れます。英語の内容に合うものを，それぞれ問題用紙のア～エのうちから１つずつ選び，その記号を書きなさい。なお，英語はそれぞれ１回ずつ流れます。

それでは，始めます。

①　A girl is throwing a ball.

――（この間約３秒）――

②　Sakura goes to swimming school on Mondays and Fridays, and joins calligraphy club on Wednesdays.

――（この間約３秒）――

次に，(2)に移ります。

(2)では，①，②の２つの会話が行われます。それぞれの会話の後で会話の内容について質問を１つずつします。質問に対する答えとして最も適切なものを，それぞれ問題用紙のア～エのうちから１つずつ選び，その記号を書きなさい。なお，会話と質問はそれぞれ１回ずつ行います。

それでは，始めます。

①　*Tom:*　Hello, Ms. Smith. Is Mr. Jones here?

Ms. Smith:　Hi, Tom. No, he is not here, but I saw him in the computer room about 10 minutes ago.

Tom:　I went there, but I couldn't find him.

Ms. Smith:　Well, he may be in the gym with the basketball club students.

Tom:　Thank you. I will go there.

質問　Where will Tom go next?

――（この間約３秒）――

②　*Lisa:*　Hi, Bob. How about going to the park this Sunday?

Bob:　That sounds good, Lisa. The weather will be good on Sunday. What are we going to do there?

Lisa:　Let's play badminton.

Bob:　That's a good idea, but I don't have a racket.

Lisa:　Don't worry, Bob. I have two rackets and you can use one of them.

Bob:　Thank you.

質問　What will Bob and Lisa do this Sunday?

――（この間約３秒）――

次に，(3)に移ります。

(3)では，中学生のAkaneが夏休みの思い出について，クラスメイトに行ったスピーチが2回流れます。その後で，その内容について2つ質問をします。質問に対する答えとして最も適切なものを，それぞれ問題用紙のア～エのうちから1つずつ選び，その記号を書きなさい。

それでは，始めます。

I will talk about my summer vacation.

My grandfather lives in Nagano. My brother and I visited him on August 2nd. In Nagano, it was cool and the mountains were so beautiful. My grandfather grows vegetables around his house and sells them at a small store near his house. He grows tomatoes, cucumbers and corns in summer. After arriving at his house, we helped him pick tomatoes. We ate some of them, and they were so sweet and delicious.

The next day, we walked up a mountain with him. On the way, we saw a lot of cute flowers and beautiful birds. We took a lot of pictures. We were so tired, but we were happy to see a beautiful lake from the mountain.

On the last day, August 4th, we swam in the river and caught some fish. We left Nagano to go home on that day. I want to visit my grandfather again next summer.

――（この間約3秒）――

繰り返します。（繰り返し）

――（この間約3秒）――

それでは，質問をそれぞれ2回ずつ行います。

質問①　What did Akane and her brother do to help her grandfather?

What did Akane and her brother do to help her grandfather?

――（この間約3秒）――

質問②　How many days was Akane and her brother's trip?

How many days was Akane and her brother's trip?

――（この間約3秒）――

これで，英語の聞き取り検査の放送を終わります。次の問題に進んでよろしい。

らい。

ウ　より具体的な例を加え、読み手が想像しやすいようにするねらい。

エ　直前に述べた意見を言い換え、伝えたいことを印象づけるねらい。

(三)　【原稿の一部】からわかる春香さんの文章の述べ方の工夫として最も適切なものを、次のア～エから一つ選び、その記号を書け。（　　）

ア　複数の資料を比較しながら、違いを明確にして述べている。

イ　資料全体をそのまま引用し、事実を詳細に述べている。

ウ　先に意見を示し、根拠を複数の資料から選んで述べている。

エ　資料を引用しながら、事実と意見を区別して述べている。

(四)　あなたが未来に残したいと思う言葉は何か。残したい理由を含めて八十字以内で書け。

3　春香さんは、国語科の授業で、言葉について調べたり考えたりしたことを小冊子にまとめる学習をしている。次は、春香さんが「言葉の変化」についてのページを作成した際の【原稿の一部】と、【資料1】【資料2】である。これらを読み、各問いに答えよ。

【原稿の一部】

言葉は、時代によって変化するのが宿命であると言われている。例えば、中国の故事から生まれた「破天荒」という言葉がある。『広辞苑《こうじえん》』によると、「天荒」は天地未開の時の混沌《こんとん》としたさまで、これを「破りひらく」意とあり、ここから今まで誰もしなかったことをすることを「破天荒」と言うようになったとされる。

ところが、文化庁が実施した令和二年度の調査によると、「破天荒」の意味を本来の意味とは異なる「豪快で大胆な様子」と捉えている人の割合が約六十五パーセントに上ることがわかる。自由奔放な行動に対し、辞書に示されていない意味合いで「破天荒」という言葉が使われている場面に、私も出会ったことがある。（　　　）

私は、それぞれの言葉の由来などが意識されないのは、残念なことだと感じている。言葉は変化するものであるということを前提としつつも、それぞれの言葉の成立した背景を知り、本来の意味や使い方を大切に守っていこうとする姿勢が、言語文化を継承していく上で必要なのではないかと考える。

（注）混沌としたさま＝物事の区別がはっきりしないさま

【資料1】

は・てんこう【破天荒】
（「天荒」は天地未開の時の混沌たるさまで、これを破りひらく意。）
今まで誰もしなかったことをすること。前代未聞《ぜんだいみもん》。「――の大事業」

『広辞苑』による

【資料2】

質問：「破天荒」の意味はどちらだと思うか。
「誰も成し得なかったことをすること」
「豪快で大胆な様子」
（「誰も成し得なかったことをすること」は、辞書等で本来の意味とされてきたもの。）

	誰も成し得なかったことをすること	豪快で大胆な様子	その他
令和２年度	23.3%	65.4%	11.2%

※表内の数値は、小数第２位を四捨五入しているため、合計が100%になっていない。

文化庁「令和２年度『国語に関する世論調査』の結果の概要」から作成

(一)　【原稿の一部】の――線部の「命」と同じ意味で使われている「命」を含む熟語を、次のア～エから一つ選び、その記号を書け。（　　）

ア　命名　　イ　命令　　ウ　運命　　エ　延命

(二)　春香さんは、【原稿の一部】の（　　）のところに次の一文を書き加えることにした。そのねらいとして最も適切なものを、後のア～エから一つ選び、その記号を書け。（　　）

これは、言葉の由来が意識されることなく、意味が変化していく例の一つと言えるだろう。

ア　これまでの内容をまとめ、この後示す自分の意見につなげるねらい。

イ　話題を転換し、これまでと違う視点から自分の意見を伝えるね

抜き出し、その最初の五字を書け。

(七)　この文章の要旨を、「オノマトペは、」に続けて、文章中の言葉を用いて簡潔に書け。

(オノマトペは、　　　　)

(八)　＝＝線部を全体の調和を考え、楷書で、一行で丁寧に書け。

(　　　　)

2　次の文章を読み、各問いに答えよ。

桜は、初花より人の心もうきうきしく、きのふくれ①けふくれ、ここかしこ咲きも残らぬ折節は、花もたぬ木の梢《こずゑ》々もうるはしく、くるれば又あすもこんと契《ちぎ》り置きしに、雨降るもうたてし。とかくして春も末になりゆけば、散りつくす世の有様を見つれど、②又来る春をたのむもはかなし。あるは遠山ざくら、青葉がくれの遅ざくら、若葉の花、③風情《ふぜい》おのおの一様ならず。桜は百華に秀《ひい》でて、古今もろ人の風雅のなかだちとす。

(「独ごと」より)

(注)　初花＝咲きはじめの花
咲きも残らぬ折節＝花が満開のころ
花もたぬ木＝桜ではない木　　うたてし＝嘆かわしい
若葉の花＝若葉の頃の桜の花
百華＝様々な種類の花
風雅＝詩歌・文章の道

(一)　――線①を現代仮名遣いに直して書け。(　　)

(二)　――線②の意味として最も適切なものを、次のア～エから一つ選び、その記号を書け。(　　)

ア　来年の春を想像する　　イ　来年の春に備える
ウ　来年の春に期待する　　エ　来年の春を迎える

(三)　――線③とはどういうことか。最も適切なものを、次のア～エから一つ選び、その記号を書け。(　　)

ア　桜は咲きはじめてから散るまで、趣が同じではないということ。
イ　桜には、見る場所や時期によって、異なる趣があるということ。
ウ　桜には、時代や国を越えて愛される普遍的な趣があるということ。
エ　桜は育つ場所ごとに咲き方が異なり、多様な趣があるということ。

いう日本語の名詞は〈イヌ〉という概念に結びつく。softという英語の形容詞は〈柔らかい〉という属性概念と結びつく。

ここでも口笛や咳払いと比べてみよう。いずれも口から発せられる音ではあるが、④非常に限られた状況以外では特定の概念と結びつくわけではない。「イヌ」という音形がつねに〈イヌ〉という概念と結びついていることとは対照的である。

口笛や咳払いと違って、オノマトペは日本語コミュニティの中で特定の意味と明確に結びついている。B タンに 音を発しているわけではない。「ワンワン」というオノマトペはイヌの鳴き声と結びつき、「フンワリ」というオノマトペは雲や綿のような柔らかさと結びつく。このように、意味性をもつという点でも、オノマトペは言語なのである。

（今井むつみ・秋田喜美「言語の本質」より）

（注）ホケット＝アメリカの言語学者
バク＝ウマ目バク科の哺乳類
音形＝ある特徴をもった一連の音のまとまり
日本語コミュニティ＝日本語を話す人々の集まり

(一) ［　］Aの漢字の読みを平仮名で書き、［　］Bの片仮名を漢字で書け。A（　　む）B（　　に）

(二) ——線①が直接かかる部分はどれか。次のア～エから一つ選び、その記号を書け。（　　）

ア 音声言語であれ手話であれ　イ 私たちの発話は
ウ 相手に意図を伝えることを　エ 目的としている

(三) ——線②を筆者はどのようなものであると述べているか。最も適切なものを次のア～エから一つ選び、その記号を書け。（　　）

ア 相手に意図を伝えるために表現されているわけではないことから、言語とは言えないもの。
イ 特別な文脈がなければ相手に意味を伝えられないことから、言語の役割を果たすとは言えないもの。
ウ 自分とのコミュニケーションとも捉えられることから、言語の性質を備えていると言えるもの。
エ 聞き手や読み手としての他者を想定して発したり書いたりされることから、言語と言えるもの。

(四) 【Ⅰ】の部分は、この文章の中でどのような働きをしているか。その説明として最も適切なものを、次のア～エから一つ選び、その記号を書け。（　　）

ア 他の言語圏における、これまでに述べた内容とは対照的な例を示すことで、新たな論につなげている。
イ 他の言語圏における、これまでに述べた内容と共通する話題を加えることで、考えを補強している。
ウ 他の言語圏における、これまでに述べた内容と関わる筆者の体験を示すことで、臨場感をもたせている。
エ 他の言語圏における例と、これまでに述べた内容とを比較することで、考えの独自性を強調している。

(五) ——線③の具体例として最も適切なものを、次のア～エから一つ選び、その記号を書け。（　　）

ア 「鳩《はと》」は、平和の象徴として広く認識されている。
イ 多くの日本人は、富士山を「美しい」と表現する。
ウ 「こんにちは」という挨拶は、人間関係を円滑にする。
エ 「歩く」という言葉は、歩く動作を言い表している。

(六) ——線④として考えられる状況について述べた一文を、文章中から

国語

時間　三〇分
満点　別掲

1　次の文章を読み、各問いに答えよ。

言語を語る上で重要な観点の一つめは、発信の目的が、コミュニケーションに特化しているという性質である。ホケットはこれを「特定性」と呼んだ。①言うまでもなく、音声言語であれ手話であれ、私たちの発話は相手に意図を伝えることを目的としている。

たとえば、「ネコが好きなんです。」という発話は、聞き手に自分の好みを教える。「ネコ！」という一語のみからなる発話であっても、特別な文脈がなければ、話し手（とおそらくは聞き手）の見えるところにネコがいることが聞き手に伝えられる。②独り言や日記はこれに該当しないように思えるが、いずれも自分を相手とした擬似的なコミュニケーションという側面があると考えられる。

このことは、これらの発話を口笛や咳《せき》払いと比べるとより実感できる。口笛も咳払いも音声言語と同様、口から発せられ、聴覚で知覚される。ところが、いずれも多くの場合は、誰かが聞くことが想定されておらず、コミュニケーションが意図されていない。この点で、口笛や咳払いは非言語的である。

もちろん、スポーツ選手の離れ技に対して感動を示すために口笛を鳴らしたり、他人の無作法を指摘するために咳払いをしたりというような場面は存在する。それらの口笛や咳払いは、より言語的と言ってもよいかもしれない。しかし、いずれにしても、つねにコミュニケーションに用いられる発話と比べると、口笛や咳払いは言語性が低いと言えよう。

では、オノマトペはどうだろう？「雷がピカッと光った。」「床がツルツルしているね。」「黄身がトロッとしていておいしい。」という例では、それぞれ光り方、床の見た目や滑りやすさ、黄身の食感という情報を聞き手・読み手に伝える。「ドーーーン！」という一語発話も、爆発の様子を聞き手と共有し共感してもらうためのものである。つまり、コミュニケーションの相手に情報を伝達するという目的は、オノマトペと他のことばではとくに違わない。むしろ、書きことばよりも会話や育児場面でオノマトペが多く使われることを思うと、オノマトペはとくにコミュニケーション性の高いことばと言えるかもしれない。

【Ⅰ】

コミュニケーションを目的とするというのは、多くの言語のオノマトペが共有する特徴である。以下は南米のケチュア語話者の発話で、アメリカ人研究者に、巨大なアナコンダ（南アメリカの熱帯雨林に生息する蛇）が池の中でバクを捕まえたエピソードを話して聴かせている。

トゥプーー……バクがどこへ向かおうと、そろそろアナコンダは水から出てくるよ、ほら！

冒頭の「トゥプーー」がオノマトペである。上がり調子で発音されたこのことばは、アナコンダが水に飛び込む際のおぞましい音と様子を写している。「トゥプーー」のあとには4秒もの間が置かれ、聞き手は水中にA潜むアナコンダがいつ出てくるだろうと、緊張感と恐怖感を抱かずにはいられない。このようにオノマトペは、聞き手を場面に引き込むという積極的なコミュニケーション機能をもっている。

ホケットが挙げた次なる言語の大原則は「意味性」である。意味性とは、③特定の音形が特定の意味に結びつくという性質である。「イヌ」と

2024年度／解答

数　学

1 【解き方】(1) ① 与式 $= 3 + 2 = 5$　② 与式 $= 2x - 2y - 4x - y = -2x - 3y$　③ 与式 $= \dfrac{4a^3b^2}{2ab} = 2a^2b$

④ 与式 $= x^2 + 4x + 4 + x - 7 = x^2 + 5x - 3$　⑤ 与式 $= 3\sqrt{2} + 2\sqrt{2} = 5\sqrt{2}$

(2) 左辺を因数分解すると，$(x + 3)(x + 2) = 0$ だから，$x = -3,\ -2$

(3) ア．$-a = -(-2) = 2$　イ．$a^2 = (-2)^2 = 4$　ウ．$\dfrac{1}{a} = \dfrac{1}{-2} = -\dfrac{1}{2}$　エ．ウより，$-\dfrac{1}{a} = -\left(-\dfrac{1}{2}\right) = \dfrac{1}{2}$　オ．イより，$\dfrac{1}{a^2} = \dfrac{1}{4}$　よって，最も大きいのはイ。

(4) 2枚のカードのひき方は，(1, 2)，(1, 3)，(1, 4)，(1, 5)，(2, 3)，(2, 4)，(2, 5)，(3, 4)，(3, 5)，(4, 5)の10通り。このうち，積が奇数となるのは，下線をつけた3通りだから，確率は $\dfrac{3}{10}$。

(5) 三平方の定理を利用して，$\mathrm{AG} = \sqrt{4^2 + 2^2 + 3^2} = \sqrt{29}$ (cm)

(6) 三角形の内角と外角の関係より，$\angle \mathrm{DCA} = 110° - 75° = 35°$　$\overset{\frown}{\mathrm{AD}}$に対する円周角だから，$\angle x = \angle \mathrm{DCA} = 35°$

(7) 線分 AB の垂直二等分線をひき，直線 ℓ との交点を P とすればよい。

(例)

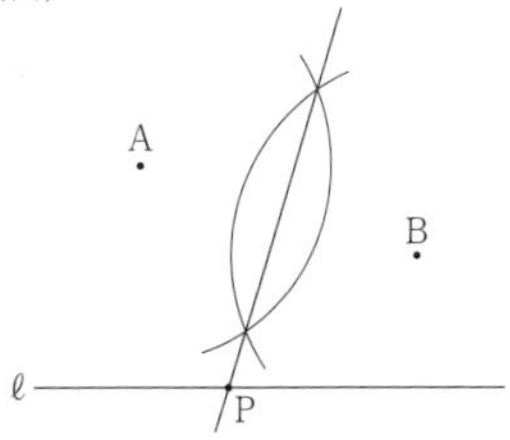

(8) ア．通学時間が50分以上の生徒は4人，30分未満の生徒は，累積度数から18人。よって，50分以上の生徒の方が少ない。イ．度数が最も大きいのは，30分以上40分未満の階級の15人。最頻値はこの階級の階級値で，$\dfrac{30 + 40}{2} = 35$ (分)　ウ．階級の幅は10分。エ．通学時間が20分未満の生徒は，累積度数から8人なので，累積相対度数は，$\dfrac{8}{40} = 0.20$　オ．中央値は小さい方から20番目と21番目の値の平均となる。どちらの値も30分以上40分未満の階級に含まれるので，中央値もこの階級に含まれる。生徒Aは28分だから，中央値よりも小さいことがわかる。以上より，適切なものはエとオ。

【答】(1) ① 5　② $-2x - 3y$　③ $2a^2b$　④ $x^2 + 5x - 3$　⑤ $5\sqrt{2}$　(2) $x = -3,\ -2$　(3) イ　(4) $\dfrac{3}{10}$

(5) $\sqrt{29}$ (cm)　(6) 35°　(7) (前図)　(8) エ，オ

2 【解き方】(2) △ABCは直角二等辺三角形だから，$\angle \mathrm{ABC} = 45°$　△ABD∽△EADより，$\angle \mathrm{ABD} = \angle \mathrm{EAD} = a°$　よって，$\angle \mathrm{DBC} = \angle \mathrm{ABC} - \angle \mathrm{ABD} = 45° - a°$

(3) $\mathrm{AD} = k$ cm とすると，点Dは辺ACの中点だから，$\mathrm{AB} = \mathrm{AC} = 2k$ (cm)　△ABDで三平方の定理より，$\mathrm{BD} = \sqrt{(2k)^2 + k^2} = \sqrt{5k^2} = \sqrt{5}k$ (cm)　△ABD∽△EADより，相似比は，$\mathrm{BD} : \mathrm{AD} = \sqrt{5}k : k = \sqrt{5} : 1$ だから，面積比は，$(\sqrt{5})^2 : 1^2 = 5 : 1$　よって，$\triangle \mathrm{AED} = \dfrac{1}{5}\triangle \mathrm{ABD} = \dfrac{1}{5} \times \dfrac{1}{2}\triangle \mathrm{ABC} = \dfrac{1}{10}\triangle \mathrm{ABC}$

【答】(1) (例) △ABDと△EADにおいて，共通の角より，∠ADB = ∠EDA……①　仮定より，∠BAD = 90°……②　∠AED = 90°……③　②，③より，∠BAD = ∠AED……④　①，④より，2組の角がそれぞれ等しいから，△ABD∽△EAD

(2) $45° - a°$　(3) $\dfrac{1}{10}$(倍)

3 **【解き方】**(1) 点(2，2)，(4，1)の2個ある。

(2) 直線BCは傾きが，$\dfrac{4-3}{-2-(-4)} = \dfrac{1}{2}$ だから，式を $y = \dfrac{1}{2}x + b$ とおいて，点Bの座標を代入すると，$4 = \dfrac{1}{2} \times (-2) + b$ より，$b = 5$　よって，$y = \dfrac{1}{2}x + 5$

(3) 四角形OABC＝△OBC＋△OAB，△BCP＝△OBC＋△OPBだから，四角形OABC＝△BCPのとき，△OAB＝△OPBとなればよい。A(0，3)だから，△OAB $= \dfrac{1}{2} \times 3 \times 2 = 3$　ここで，右図のように，点Bを通り直線COに平行な直線 m をひき，y 軸との交点をQとすると，BQ∥OPより，△OPB＝△OPQ　したがって，△OPQ＝3となる点Pの座標を求めればよい。直線COの式は $y = -\dfrac{3}{4}x$ だから，直線 m の式を $y = -\dfrac{3}{4}x + c$ とおいて，点Bの座標を代入すると，$4 = -\dfrac{3}{4} \times (-2) + c$ より，$c = \dfrac{5}{2}$　よって，$\mathrm{Q}\left(0,\ \dfrac{5}{2}\right)$ だから，点Pの x 座標を p とすると，△OPQの面積について，$\dfrac{1}{2} \times \dfrac{5}{2} \times p = 3$ が成り立つ。これを解いて，$p = \dfrac{12}{5}$　点Pの y 座標は，$y = -\dfrac{3}{4} \times \dfrac{12}{5} = -\dfrac{9}{5}$ より，$\mathrm{P}\left(\dfrac{12}{5},\ -\dfrac{9}{5}\right)$

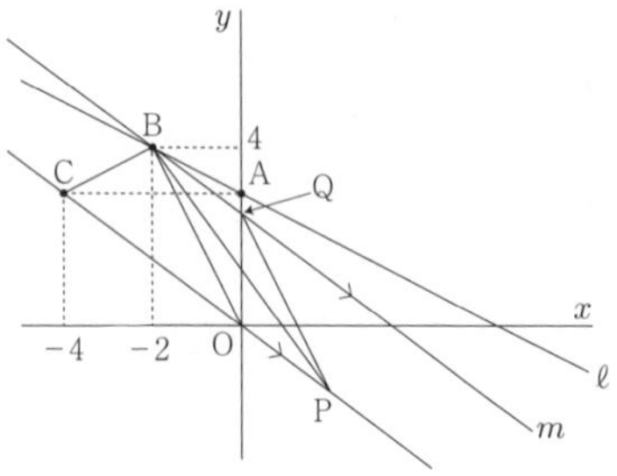

【答】(1) 2(個)　(2) $y = \dfrac{1}{2}x + 5$　(3) $\left(\dfrac{12}{5},\ -\dfrac{9}{5}\right)$

英　語

1 【解き方】(1) ①「女の子はボールを投げています」と言っている。②「月曜日と金曜日に水泳教室に行く」,「水曜日に書道部に参加する」に合うものを選ぶ。

(2) ① スミス先生の「彼はバスケットボール部の生徒たちと体育館にいるかもしれません」を聞いて，トムは「そこに行ってみます」と言っている。② ボブの「僕たちはそこで何をするの？」に対して，リサが「バドミントンをしましょう」と言っている。

(3) ①「私たちは彼がトマトを摘み取る手伝いをしました」と言っている。② 長野にある祖父の家を訪れたのが8月2日で，帰宅するため長野を出発したのが8月4日。アカネたちの旅行は3日間だった。

【答】(1) ① ア　② イ　(2) ① エ　② イ　(3) ① ウ　② ウ

◀全訳▶ (1) ① 女の子はボールを投げています。

② さくらは月曜日と金曜日に水泳教室に行き，水曜日に書道部に参加します。

(2) ①

トム　　　：こんにちは，スミス先生。ジョーンズ先生はここにいますか？

スミス先生：こんにちは，トム。いいえ，彼はここにいませんが，10分くらい前にコンピュータ室で彼を見ましたよ。

トム　　　：そこに行きましたが，私は彼を見つけることができませんでした。

スミス先生：ええと，彼はバスケットボール部の生徒たちと体育館にいるかもしれません。

トム　　　：ありがとうございます。そこに行ってみます。

質問　トムは次にどこへ行くでしょう？

②

リサ：こんにちは，ボブ。今週の日曜日に公園へ行くのはどう？

ボブ：それはいいね，リサ。日曜日は天気がいいでしょう。僕たちはそこで何をするの？

リサ：バドミントンをしましょう。

ボブ：それはいいアイデアだね，でも僕はラケットを持っていないよ。

リサ：心配はいらないわ，ボブ。私はラケットを2本持っていて，あなたはそれらの1つを使うことができるわ。

ボブ：ありがとう。

質問　ボブとリサは今週の日曜日に何をするでしょう？

(3) 私は私の夏休みについて話します。

私の祖父は長野に住んでいます。私の兄と私は8月2日に彼を訪れました。長野では，涼しくて山がとてもきれいでした。私の祖父は家の周りで野菜を育て，それらを家の近くの小さな店で売っています。彼は夏にトマト，キュウリ，そしてトウモロコシを育てます。彼の家に着いたあと，私たちは彼がトマトを摘み取る手伝いをしました。私たちはそれらのいくつかを食べ，それらはとても甘くておいしかったです。

翌日，私たちは彼と山を歩きにいきました。途中で，私たちはたくさんのかわいい花や美しい鳥を見ました。私たちはたくさん写真を撮りました。私たちはとても疲れましたが，山から美しい湖を見て幸せでした。

最終日の8月4日に，私たちは川で泳ぎ，魚を捕まえました。私たちはその日帰宅するために長野を出発しました。私は来年の夏にまた祖父を訪れたいです。

質問① アカネと彼女の兄は祖父を手伝うために何をしましたか？

質問② アカネと彼女の兄の旅行は何日間でしたか？

2 【解き方】① ハルカの2番目のせりふを見る。ハルカは「いっしょに鍋を分けあうことで私たちは会話をもっと楽しむことができる」と言っている。bring good communication =「よいコミュニケーションをもたらす」。

② サラの3番目のせりふを見る。サラは日本語を学ぶことで日本の人々の考え方が理解できると言っている。

③ サラの３番目のせりふと，ハルカの４番目のせりふを見る。いただきますという言葉は食べ物や食事の準備に関わっている人々に感謝するためにも使われる。

【答】① エ　② ア　③ エ

◀全訳▶

ハルカ：夕食の準備ができました！　今日は寒いので，鍋を作りました。鍋は熱いですよ。気をつけて！

サラ　：いいにおいです！　おいしくて健康的なので鍋は私のお気に入りです。それは冬に私たちの体を温めてくれます。

ハルカ：いっしょに鍋を分けあうことで私たちは会話をもっと楽しむことができます。

サラ　：私もそう思います。いただきます！　おいしいです！

ハルカ：ありがとう！　ところで，私はあなたの日本語が上達していると感じます。

サラ　：本当ですか？　ありがとう！　日本語を学ぶことで，私は日本の人々の考え方が理解できます。例えば，日本に来る前，いただきますは「食べましょう」だけを意味すると思っていました。しかし，私はその言葉が食事の中の植物，動物，そして全ての食材に感謝するためにも使われていることを学びました。

ハルカ：あなたの言う通りです。私は農家の人たちや料理をする人たちなど，食事の準備に関わっている人々に感謝をするためにもいただきますと言います。

サラ　：わかりました。それは興味深いです。

ハルカ：あなたは日本語を学ぶため熱心に努力しています。私も英語を学ぶために最善を尽くします！

親愛なるお母さんへ，

今日はどんな日でしたか？　今，日本は寒いので，ハルカが今夜の夕食に鍋という温かい鍋料理を作ってくれました。それは冬に日本で人気の料理です。大きな鍋に入ったスープの中で野菜，肉，そして魚が料理されます。鍋は私たちの体を温めてくれます。ハルカは，鍋は食事を分けあう人々によいコミュニケーションをもたらしてくれるとも言っています。

ハルカは私の日本語が上達していると言ってくれました。私はそれを聞いてうれしかったです。日本語を学ぶことは日本の人々がどのように考えるのか理解する機会を私に与えてくれます。例えば，日本の人々は食事を食べる前にいただきますと言います。それは英語で「食べましょう」を意味します。それは食べ物や食事の準備に関わっている人々に感謝するためにも使われます。私はこの素晴らしい表現が本当に好きです！　私は日本語を学ぶために最善を尽くします。

③【解き方】(1) ① 問いは「アキは学校でホウキを使いますか？」。第１段落の２文目に，アキは学校でホウキを使っていると述べられている。② 問いは「アキの祖母はなぜホウキを使うのですか？」。第１段落の最後から２文目を見る。祖母は「ホウキを使えば家の中の全ての場所が掃除できる」と言った。

(2) 同段落では，ホウキを使う利点について述べられている。「私はホウキを使ういくつかの利点を考えました」が適切。

(3) 最終文に「私たちが掃除するとき，小さなほこりや髪の毛さえ簡単に飛んでいきません」とある。useful to catch tiny dust and hair =「小さなほこりや髪の毛を捕まえるのに役に立つ」。

(4) ３文目に「古代では，ホウキは儀式で悪霊を追い払うための神聖な道具としてしばしば使われました」とある。

(5) 最終文に「私は私たちが古い道具の価値に再び気づくことを望んでいる」とある。エは「私たちは古い道具の利点をもう一度見つけるべきだ」という意味。

【答】(1)(例) ① Yes, she does.　② Because she can clean all spaces in her house with it.　(2) ウ　(3) エ　(4) イ　(5) エ

◀全訳▶　[1] あなたは家で掃除をするためにホウキを使いますか？　私は学校で掃除をするとき，たいていそれを使います。今，私たちは多くの種類の掃除機を持っていて，中にはロボット掃除機を持っている人さえいます。休暇中に私が祖母を訪れたとき，彼女はホウキで部屋を掃除していました。彼女は実は掃除機を持っているのですが，掃除するときいつもホウキを使います。私は彼女に「なぜホウキを使うの？」と聞きました。彼女は「ホウキを使えば家の中の全ての場所が掃除できるの」と答えました。私はホウキがなぜそれほど便利なのか理解できなかったので，ホウキについてもっと知りたいと思いました。

[2] 私はホウキを使ういくつかの利点を考えました。まず，ホウキで掃除するときには電気が必要ないので，私たちはどこでもそれを使うことができます。2つ目に，私たちは音を出すことを心配する必要がありません。だから，ホウキは小さな子どもやペットがいる人々や，夜に掃除をしたい人々に適しています。3つ目に，ホウキは掃除機のように重くなく，運ぶのが簡単です。また，それを保管するのに広い場所が必要ありません。私たちはホウキが環境に優しく機能的な道具であると言うことができます。

[3] 私は日本で人々が長い間使ってきた様々な種類のホウキについて学びました。シュロホウキという1つの例を挙げさせてください。それはたいてい家の中で掃除するのに使われます。それは丈夫で長年使うことができます。10年以上それらを使う人もいます。シュロホウキの素材は木の樹皮です。この素材はやわらかく，床や畳を傷めません。また，私たちが掃除するとき，小さなほこりや髪の毛さえ簡単に飛んでいきません。

[4] 私は日本のホウキの歴史についても学びました。5世紀のホウキが2004年に奈良で発見され，このホウキが現在は日本で最も古いと言われています。古代では，ホウキは儀式で悪霊を追い払うための神聖な道具としてしばしば使われました。人々はまた，日本で何年も前から実用的な掃除道具としてホウキを使ってきました。しかし，掃除機が登場して以来，それらの方がより人気となっています。

[5] ホウキについて学んだあと，私はホウキで家を掃除しました。部屋の狭い隅を掃除するときそれは特に役立ちました。掃除機はとても便利だと思いますが，私はホウキも実用的な道具であるということがわかりました。私たちは技術を使った新しい道具を今たくさん持っていますが，私は私たちが古い道具の価値に再び気づくことを望んでいます。

4 **【解き方】**「日本を旅行するのに最もよい季節はいつですか？」という質問に対する返答。解答例は「暖かくて快適なので私は春が最もよいと思います。あなたはきれいな花をたくさん見ることができます」。

【答】（例）I think spring is the best because it is warm and comfortable. You can see a lot of beautiful flowers.（20語）

◀全訳▶

A.

こんにちは，タケシ， 私は日本を訪れたいと思っています。 日本を旅行するのに最もよい季節はいつですか？

B.

こんにちは，マイク， メールありがとう。 それを聞いて私はうれしいです。 あなたの質問に答えましょう。 暖かくて快適なので私は春が最もよいと思います。あなたはきれいな花をたくさん見ることができます。 まだ何か質問があれば，私に聞いてください。

国　語

1 【解き方】㈡「言うまでもなく」は，分かりきっていることを改めて言うときに用いる言葉なので，一文のなかで強調したいところにかかる。「私たちの発話は」が主部，「目的としている」が述部。

㈢「独り言や日記」は，「いずれも自分を相手とした擬似的なコミュニケーションという側面があると考えられる」と説明している。

㈣ 日本語でのオノマトペの例を挙げて，「書きことばよりも…とくにコミュニケーション性の高いことばと言えるかもしれない」と述べたことをふまえ，ケチュア語話者の発話事例を挙げて，「このようにオノマトペは，聞き手を場面に引き込むという積極的なコミュニケーション機能をもっている」と示している。

㈤「『イヌ』という日本語の名詞は〈イヌ〉という概念に結びつく」という例と同じように，言葉から「特定の概念」が導かれているものを選ぶ。

㈥「口笛や咳払い」が，「特定の概念」を意味している状況を探す。口笛や咳払いは，発話と比べると「非言語的」であるが，「感動」を示したり「他人の無作法を指摘」したりという，「より言語的」に使われる場面もあると述べている。

㈦「発話」や「口笛や咳払い」と比較しながら，オノマトペについて，「とくにコミュニケーション性の高いことばと言えるかもしれない」「意味性をもつという点でも…言語なのである」と述べていることをおさえる。

【答】㈠ A.　ひそ(む)　B.　単(に)　㈡ エ　㈢ ウ　㈣ イ　㈤ エ　㈥ もちろん，

㈦（オノマトペは，）コミュニケーション性が高く，意味性をもつので，言語であると言える。(同意可)

㈧（前図）

(例)
雲や綿のような柔らかさ

2 【解き方】㈠ 語頭以外の「は・ひ・ふ・へ・ほ」を「わ・い・う・え・お」にし，「eu」は「yô」と発音するので，「けふ」は「けう」となり，「けう」は「きょう」となる。

㈡「たのむ」とは，あてにすること。「春も末」になり，「散りつくす世の有様」を見ているけれども，と逆接で続いている点もふまえて考える。

㈢「風情」の具体例として，「遠山ざくら，青葉がくれの遅ざくら，若葉の花」を挙げていることに着目する。

【答】㈠ きょう　㈡ ウ　㈢ イ

◀口語訳▶　桜は，咲きはじめの花から人の心も弾み，昨日が暮れ今日が暮れ，そこかしこで花が満開のころは，桜ではない木の梢も美しく，日が暮れるとまた明日も来ようと決めていたところに，雨が降るのも残念なことだ。このようにして春も終わりになると，散りつくす時期の様子を見ることになるが，また次に来る春に期待するのも頼りない。あるいは遠い山に咲く桜，青葉に隠れた遅咲きの桜，若葉のころの桜の花，風情はそれぞれ同じではない。桜は様々な種類の花にまさり，昔も今も多くの人の詩歌・文章の道の仲立ちとなっている。

3 【解き方】㈠「宿命」とウの「命」は，天から与えられているものを表す。アは名付けること，イは言いつけ，エは生命を意味する。

㈡「これは，言葉の由来が意識されることなく，意味が変化していく」が指すのは，「破天荒」のこと。「自由奔放な行動に対し…『破天荒』という言葉が使われている場面」について，「例の一つ」とまとめた後，「私は…残念なことだと感じている」と自分の考えを続けていることに着目する。

㈢「『広辞苑』によると，『天荒』は…言うようになった」「文化庁が実施した令和二年度の調査によると…上ることがわかる」と資料を引用している。その後に，「私は，それぞれの言葉の由来などが意識されないのは，残念なことだと感じている」と意見を述べている。

【答】㈠ ウ　㈡ ア　㈢ エ

㈣（例）私が未来に残したいのは，「小春日和」などの季節を表す言葉だ。これらは，四季が人々の暮らしや感性に深く関わってきたことを思い起こさせる魅力的な言葉だと思うからだ。(80字)

~MEMO~

~MEMO~

~MEMO~

~MEMO~

奈良県公立高等学校

（特色選抜）

―共通問題―

2023年度

入学試験問題

※奈良県教育委員会が作成した検査問題を収録しています。この検査問題を使用して特色選抜を実施した学校は次頁の通りです。

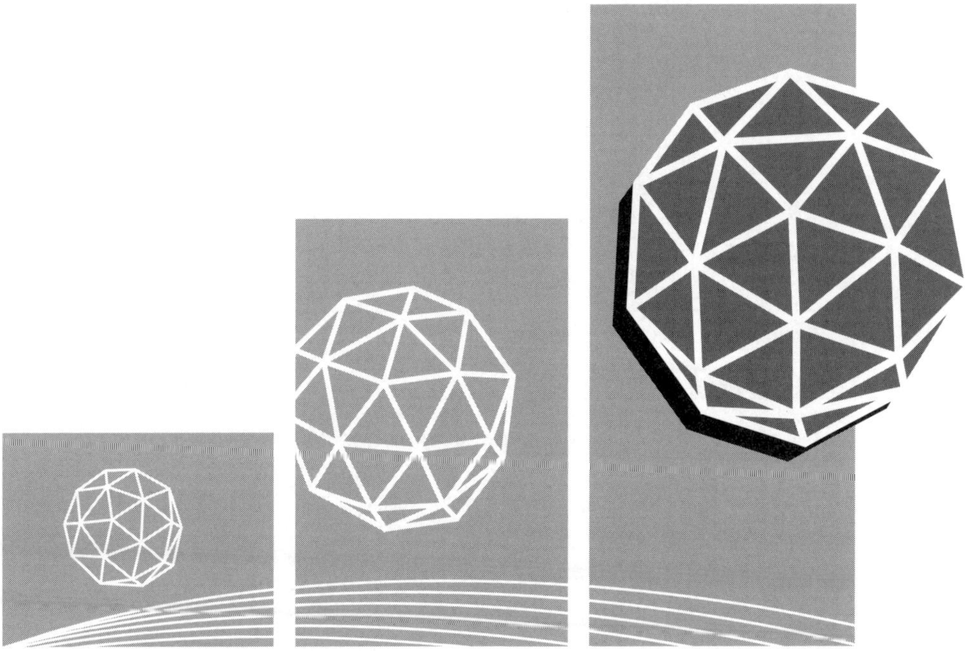

■県教委作成検査問題（共通問題）を使用した特色選抜実施校の検査科目と配点

学校名	学科・コース名	配点			
		数学	英語	国語	その他
奈良商工	機械工学　情報工学 建築工学　総合ビジネス 情報ビジネス　観光	40	40	40	面接(40)
国際	国際科plus　国際	40	40	40	独自検査(50)＊3
山辺	普通(スポーツ探究)	40	40	40	実技(40)
	普通(キャリア探究) 生物科学探究	40	40	40	面接(40)
	自立支援農業	40	40	40	面接(40)／実技(60)
高円芸術	音楽	40	40	40	音楽(20)／実技(170)
	美術　デザイン	40	40	40	実技(150)
添上	普通(人文探究)	40	40	40	口頭試問(30)
	スポーツサイエンス	40	40	40	面接(80)／実技(200)
二階堂	キャリアデザイン	40	40	40	面接(40)
商業	商業	＊1	＊1	＊1	面接(60)
桜井	普通(書芸)	40	40	40	実技(80)
	普通(英語)	40	40	40	英語(80)
五條	普通(まなびの森)	40	40	40	口頭試問(20)／面接(20)
	商業	40	40	40	面接(40)
御所実業	環境緑地　機械工学 電気工学　都市工学 薬品科学	40	40	40	面接(90)
宇陀	普通　情報科学	＊2	＊2	＊2	面接(60)
	こども・福祉	＊2	＊2	＊2	面接(90)
法隆寺国際	歴史文化	40	40	40	作文・小論文(40)
	総合英語	40	40	40	口頭試問(40)
磯城野	農業科学(食料生産／動物活用) 施設園芸(施設野菜／施設草花) バイオ技術(生物未来／食品科学) 環境デザイン(造園緑化／緑化デザイン) フードデザイン(シェフ／パティシエ) ファッションクリエイト ヒューマンライフ	40	40	40	面接(40)
高取国際	国際英語 国際コミュニケーション	40	40	40	口頭試問(40)
王寺工業	機械工学　電気工学 情報電子工学	40	40	40	独自問題(40)＊4
大和広陵	生涯スポーツ	40	40	40	実技(150)
奈良南	普通　情報科学 総合学科	40	40	40	面接(60)
十津川	総合学科	40	40	40	面接(60)
奈良市立一条	外国語〈推薦選抜〉　第1段階の選抜		＊5		＊5　すべての検査を受検する必要があります。
	外国語〈推薦選抜〉　第2段階の選抜	＊2	＊2	＊2	英語(60)
大和高田市立高田商業	商業	40	40	40	面接(40)

＊1：学力検査は3教科（各40点満点）の合計点を2.5倍にする。
＊2：学力検査は3教科（各40点満点）の合計点を1.5倍にする。
＊3：独自問題（ライティング）が20点満点，口頭試問が30点満点。
＊4：示された立体図を基にして，この立体の展開図を解答用紙に描く。
　　示された立体図を基にして，この立体図の正面図，平面図，右側面図を第三角法による投影図で解答用紙に描く。
＊5：英語は合計で200点満点。

※配点欄の「その他」は，各学校が独自に作成した問題で実施された検査科目と配点を表しています。
　これらの検査問題は本書には収録されておりません。

数学

時間　30分　　　　満点　別掲

1　次の各問いに答えよ。

(1)　次の①～⑤を計算せよ。

①　$4-10$　(　　　)

②　$(3x-1)-(2x-4)$　(　　　)

③　$6a^2b \div 2a \times 3b$　(　　　)

④　$(2x-3)(2x+5)$　(　　　)

⑤　$(3\sqrt{2})^2$　(　　　)

(2)　2次方程式 $x^2+2x-8=0$ を解け。(　　　)

(3)　家から学校まで行くのに，はじめは分速80mの速さで x 分歩き，途中から分速160mの速さで走ったところ，全体で15分かかった。分速160mの速さで走った道のりを表す式を書け。

(　　　m)

(4)　大小2個のさいころを同時に投げるとき，少なくとも1個は2以下の目が出る確率を求めよ。

(　　　)

(5)　図1の直方体において，辺ABとねじれの位置にある辺は何本か。(　　　本)

図1

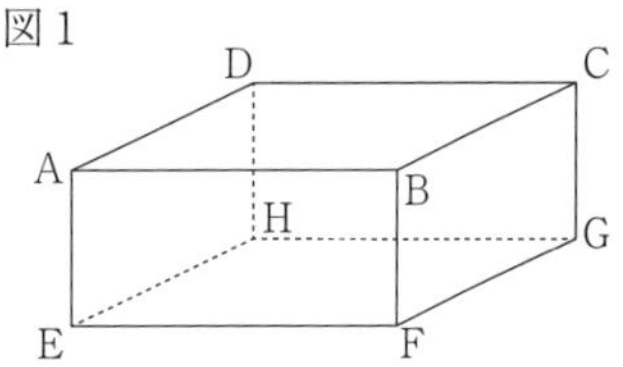

(6)　図2で，5点A，B，C，D，Eは円Oの周上にある。$\angle x$ の大きさを求めよ。(　　　)

図2

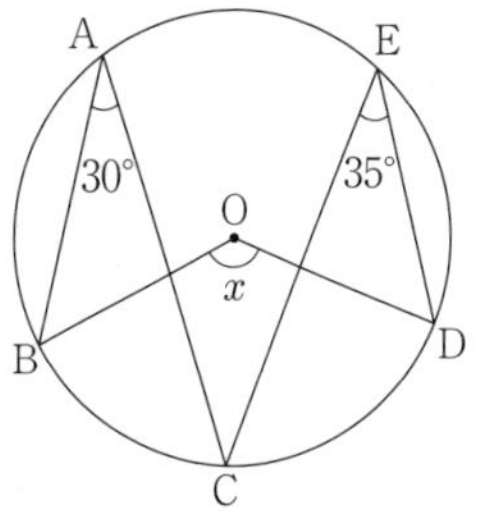

(7)　図3のように，線分ABと点Cがある。次の条件①，②を満たす円の中心Oを，定規とコンパスを使って解答欄の枠内に作図せよ。なお，作図に使った線は消さずに残しておくこと。

図3

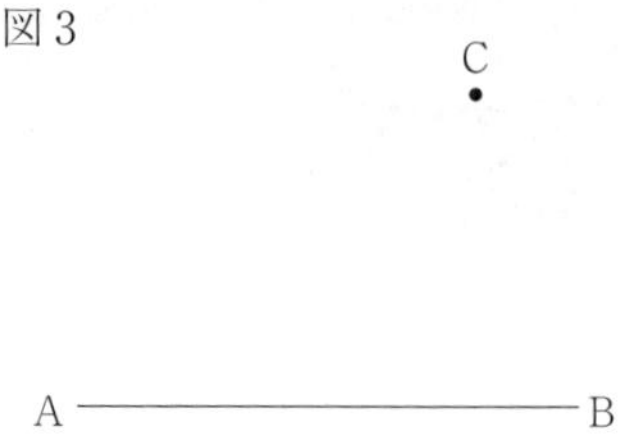

［条件］
①　線分ABは円Oの弦である。
②　円Oは点Cを通る。

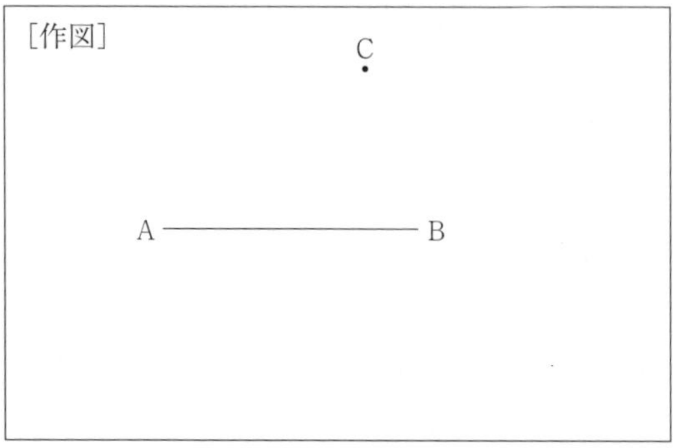

(8)　図4は，ある中学校の3年1組の生徒22人と3年2組の生徒21人のハンドボール投げの記録を，それぞれ箱ひげ図に表したものである。図4の2つの箱ひげ図から読み取ることができることがらとして適切なものを，後のア～オから全て選び，その記号を書け。ただし，ハンドボール投げの記録は，メートルを単位とし，メートル未満は切り捨てるものとする。(　　　)

図4

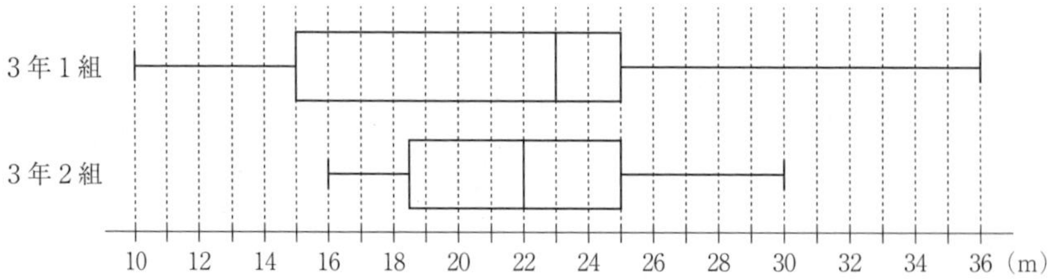

ア　ハンドボール投げの記録の範囲は，1組よりも2組の方が大きい。
イ　1組のハンドボール投げの記録の四分位範囲は，10mである。
ウ　ハンドボール投げの記録の第3四分位数は，1組よりも2組の方が小さい。
エ　1組で，ハンドボール投げの記録が15m以上25m以下である生徒は，11人いる。
オ　2組で，ハンドボール投げの記録が22mである生徒は，少なくとも1人はいる。

2　右の図で，直線 ℓ は関数 $y = 6x$ のグラフであり，直線 m は関数 $y = -2x + 8$ のグラフである。2点A，Bは，それぞれ直線 m と x 軸，y 軸との交点であり，点Cは，2直線 ℓ，m の交点である。また，直線 n は関数 $y = ax$ のグラフであり，点Dは，2直線 m，n の交点である。原点をOとして，各問いに答えよ。

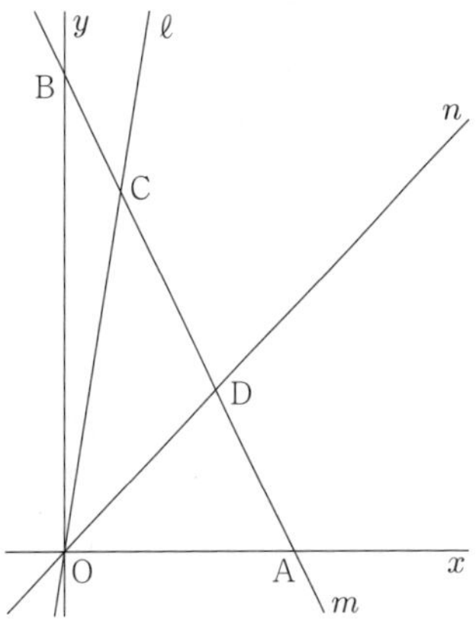

(1)　点Cの座標を求めよ。(　　　)

(2)　a の値をいろいろな値に変えて，直線 n を右の図にかき入れるとき，直線 n が線分ACと交わる a の値を，次のア～オから全て選び，その記号を書け。(　　　)

ア　$a = 7$　　イ　$a = 3$　　ウ　$a = 1$　　エ　$a = -2$

オ　$a = -6$

(3)　$a = 2$ のとき，△OADを，x 軸を軸として1回転させてできる立体の体積を求めよ。ただし，円周率は π とする。(　　　)

3　右の図で，4点A，B，C，Dは円周上にある。AB = 10cm，AD = 6cm，∠ADB = 90°であり，$\overset{\frown}{BC} = \overset{\frown}{CD}$ である。点Eは線分ACと線分BDとの交点であり，点Fは点Dを通り線分ACに平行な直線と直線ABとの交点である。各問いに答えよ。

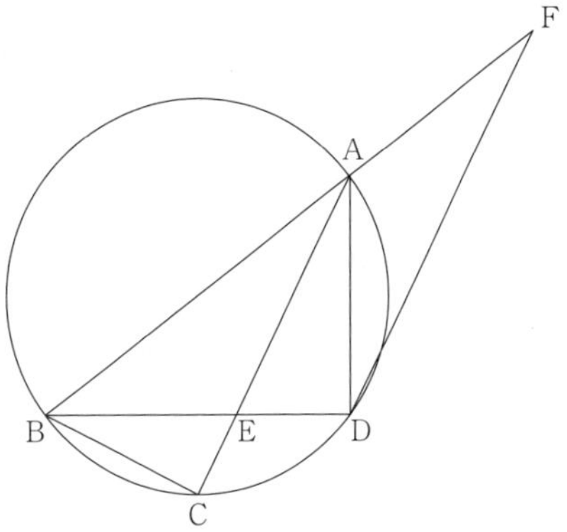

(1)　線分BDの長さを求めよ。(　　　cm)

(2)　△ADE∽△BCEを証明せよ。

(3)　△ADFの面積は△ABEの面積の何倍か。(　　　倍)

英語

時間 30分　　満点 別掲

（編集部注）放送問題の放送原稿は英語の末尾に掲載しています。
音声の再生についてはもくじをご覧ください。

1 放送を聞いて，各問いに答えよ。

(1) ①，②の英語の内容に合うものを，それぞれア～エから1つずつ選び，その記号を書け。なお，英語はそれぞれ1回ずつ流れる。①(　　) ②(　　)

① ア

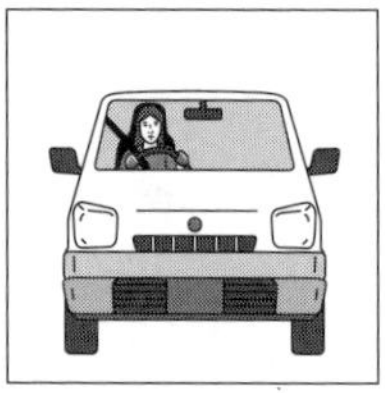

イ

ウ

エ

② ア

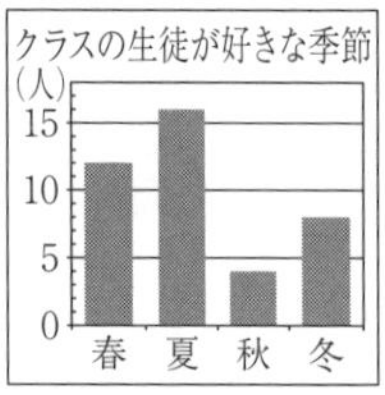

イ

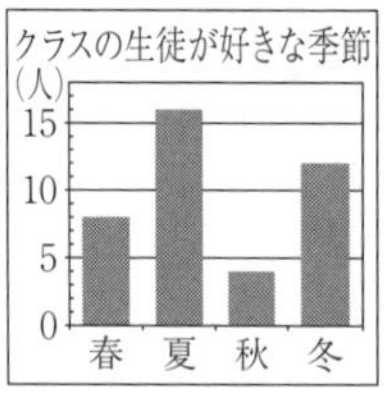

ウ

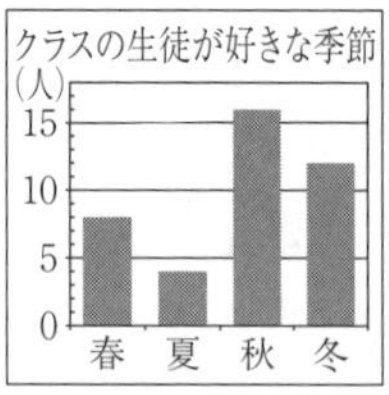

エ

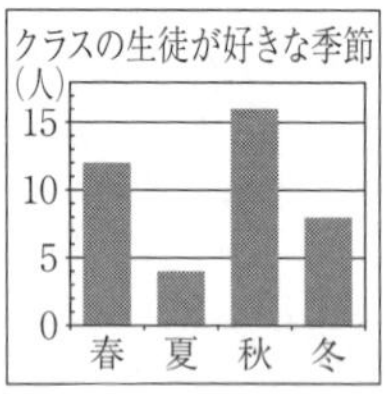

(2) ①，②の会話の内容についての質問に対する答えとして最も適切なものを，それぞれア～エから1つずつ選び，その記号を書け。なお，会話と質問はそれぞれ1回ずつ行う。

①(　　) ②(　　)

① ア Two.　イ Four.　ウ Ten.　エ Twelve.

② ア On Saturday morning.　イ On Saturday afternoon.　ウ On Sunday morning.
エ On Sunday afternoon.

(3) 英語の内容についての質問①，②に対する答えとして最も適切なものを，それぞれア～エから1つずつ選び，その記号を書け。なお，英語が2回流れた後，質問をそれぞれ2回ずつ行う。

①(　　) ②(　　)

① ア He rides a bike.　イ He studies Japanese.　ウ He reads manga.
エ He sees many kinds of birds.

② ア He wants them to go to a bookstore.
イ He wants them to enjoy Nara Park.
ウ He wants them to learn about Canada.
エ He wants them to tell him about their favorite words.

2　次の英文を読んで，下の【　　】内の英語が入る最も適切な箇所を，英文中の ア ～ ウ から１つ選び，その記号を書け。(　　　)

Yuri and Ken are junior high school students. They are talking in the classroom after school.

Yuri: Ken, you have a friend in a foreign country, right?

Ken: Yes. I have a friend in Singapore. We often exchange e-mails. I sent him an e-mail yesterday, so I'm waiting for his e-mail. ア

Yuri: That's good. イ

Ken: Oh, he says he wants more friends who live in Japan. Can I introduce you to him? ウ

Yuri: Sounds nice. Thank you!

(注)　exchange：やり取りする

【I wish I had a friend in a foreign country.】

3　次の英文の内容を下の［　　］内のようにまとめたとき，（ ① ）～（ ③ ）に入る最も適切な英語を，それぞれア～エから１つずつ選び，その記号を書け。①(　　　)　②(　　　)　③(　　　)

Coffee is loved by many people in Australia. They have their own coffee culture. There are big coffee chains, but many small local cafes are everywhere in the country. Why are local cafes very popular?

Each local cafe in Australia is unique. For example, in some cafes, professional baristas serve special coffee which they want people to try. Some cafes serve not only high-quality coffee but also delicious food. Some have stylish interior decorations. People enjoy coffee and the unique atmosphere. Local cafes are also important places for communication in each community in Australia. People enjoy talking with other people over a cup of coffee.

Many people in Australia find cafes that they like, and they enjoy their special time there. Some people visit cafes for breakfast or lunch, and others visit them before or after work. Just five minutes for a cup of coffee in the busy morning is a happy time for some people. People in Australia are proud of their own coffee culture.

(注)　chain：(カフェなどの）チェーン店
barista：バリスタ（コーヒー専門店でコーヒーをいれる人）　high-quality：質の高い
stylish：おしゃれな　interior decoration：室内装飾　atmosphere：雰囲気
communication：コミュニケーション　community：地域社会
over a cup of coffee：コーヒーを飲みながら

> There are many local cafes in Australia, and they are very popular there. They are (①), and people enjoy each cafe's special coffee and atmosphere. They also enjoy (②) with other people while they are drinking coffee. They have a good time at their (③) cafes. The coffee culture is very important for many people in Australia.

①　ア　big　イ　delicious　ウ　new　エ　unique
②　ア　cooking　イ　communicating　ウ　walking　エ　learning
③　ア　busy　イ　favorite　ウ　traditional　エ　free

4　次の英文を読んで，各問いに答えよ。

Takeshi is a high school student. He studied in the US for one year. He came back to Japan one month ago, and he wrote about his experiences in the US in the school newspaper.

I studied in California. Why did I decide to study abroad? I wanted to communicate with a lot of people in other countries and expand my way of thinking. I learned a lot through my experiences in the US. So, I want to share some of them with you.

From Japan to California, it took about ten hours. My host family met me at the airport. After that, we had dinner together at a restaurant. It was a delicious dish, but it was *karai* for me, and I could not stop sweating. At that time, I did not know the English word for *karai*, so I could not explain my situation well to my host family. My host mother said, "Your face is bright red, and you're sweating a lot. You must be tired." I made my host mother very worried.

A few months later, I talked about it with my host family, and we laughed together. My host mother taught me that I could use gestures. Now, I know the word hot, and I can explain the situation. It was a good experience, and I learned that gestures help us communicate even if we cannot speak English well. It is one of my good memories.

I had another experience. On the second day of my stay in the US, we talked about ourselves and the house rules. My host family asked me questions about myself and my school life in Japan. I understood their questions, but I could not answer them well because I was afraid of making mistakes.

One day, my host mother said to me, "The English in the letter I received in advance was perfect, so I thought you could communicate in English without any problems." Before leaving Japan, I wrote a letter to my host family. I wrote it by using only the phrases in reference materials. My host mother continued, "Now, you can communicate well in English." We laughed together on that day, too. It is also one of my good memories. I think it is important to try to communicate without being afraid of making mistakes.

These are just two of my many experiences in the US, and these are not happy experiences. However, I can tell you that we can learn a lot from any kind of experiences.

(注)　California：カリフォルニア（アメリカの州の１つ）　expand：広げる
host：留学生などを受け入れる（家庭など）　sweat：汗をかく　at that time：その時は
gesture：身ぶり　even if：たとえ～でも　ourselves：私たち自身　in advance：前もって
phrase：表現　reference materials：参考資料

(1)　英文のタイトルとして最も適切なものを，次のア～エから１つ選び，その記号を書け。(　　　)

ア　Experiences Teach Us a Lot

イ　Studying Abroad Helps Us Use Gestures

ウ　Letters Show the Writer's Way of Thinking

エ　Each Country Has a Different Culture

(2)　英文中の下線部と同じ意味で用いられている hot を含む英語を，次のア～エから1つ選び，その記号を書け。(　　　)

ア　Can I have a hot milk?

イ　It is hot in Japan in summer.

ウ　This curry is very hot, so I need something to drink.

エ　It is cold outside today, but running in the park has made me hot.

(3)　英文の内容について，次の①，②の問いにそれぞれ3語以上の英語で答えよ。ただし，コンマやピリオドなどは語数に含めないこと。

①　Has Takeshi been to the US?

(　　　　　　　　　　　　　　　　　　　　　　　　　　　　　　　)

②　When did Takeshi and his host family talk about the house rules?

(　　　　　　　　　　　　　　　　　　　　　　　　　　　　　　　)

(4)　英文の内容と合っているものを，次のア～オから2つ選び，その記号を書け。(　　　)(　　　)

ア　Takeshi went to the US to communicate with a lot of people in other countries and to expand his way of thinking.

イ　Takeshi could not eat a lot of food at a restaurant on the first day of his stay in the US because he was so tired.

ウ　Takeshi communicated in English without any problems when he arrived in the US.

エ　Takeshi is good at writing letters in English, so he did not need to use reference materials when he wrote a letter to his host family.

オ　Some of Takeshi's experiences in the US are not happy ones, but they are good memories.

5　あなたは日本に来たばかりの留学生の Emily と次の日曜日に出かけることにした。あなたなら彼女と一緒に A，B のどちらに行きたいか。その理由も含めて 15 語程度の英語で書け。ただし，1文または2文で書き，コンマやピリオドなどは語数に含めないこと。なお，選んだものを A，B と表してよい。

(　　　　　　　　　　　　　　　　　　　　　　　　　　　　　　　)

A

B

〈放送原稿〉

(チャイム)

これから，2023年度奈良県公立高等学校入学者特色選抜学力検査問題英語の聞き取り検査を行います。放送中に問題用紙の空いているところに，メモを取ってもかまいません。

それでは，問題用紙の1を見なさい。1には，(1)～(3)の問題があります。

まず，(1)を見なさい。

(1)では，①，②の英語が流れます。英語の内容に合うものを，それぞれ問題用紙のア～エのうちから1つずつ選び，その記号を書きなさい。なお，英語はそれぞれ1回ずつ流れます。

それでは，始めます。

① A woman is washing the car.

──（この間約3秒）──

② In my class, summer is the most popular season. Spring is more popular than winter.

──（この間約3秒）──

次に，(2)に移ります。

(2)では，①，②の2つの会話が行われます。それぞれの会話の後で会話の内容について質問を1つずつします。質問に対する答えとして最も適切なものを，それぞれ問題用紙のア～エのうちから1つずつ選び，その記号を書きなさい。なお，会話と質問はそれぞれ1回ずつ行います。

それでは，始めます。

① *Emma:* Mike, we need to take soccer balls for the game tomorrow.
Mike: We have two here, Emma.
Emma: OK, but we need more. We have to take twelve.
Mike: Oh, we have to find ten balls. Let's find them.

質問 How many balls do Emma and Mike have?

──（この間約3秒）──

② *Tom:* Lisa, I want to go to the library this weekend. How will the weather be this Saturday?
Lisa: It'll be rainy all day, Tom.
Tom: I'll go there by bike, so I think it's not a good idea to go on Saturday. How about Sunday?
Lisa: It'll be cloudy in the morning, and rainy in the afternoon.
Tom: I'll go in the morning on that day.

質問 When will Tom go to the library?

──（この間約3秒）──

次に，(3)に移ります。

(3)では，カナダのトロント出身のブラウン先生が行った自己紹介のスピーチが2回流れます。その後で，その内容について2つ質問をします。質問に対する答えとして最も適切なものを，それぞれ問題用紙のア～エのうちから1つずつ選び，その記号を書きなさい。

それでは，始めます。

Hello. I'm Mark Brown.

I'm from Toronto, Canada. Toronto is the biggest city in Canada, and there are a lot of beautiful parks. There is a big and nice park near my house. I enjoy riding a bike there. I also like watching many kinds of birds and reading a book under the tree. I have a good time there.

You have Nara Park. It's one of my favorite places in Nara. I sometimes go there and enjoy reading manga. Manga is part of Japanese culture, right? When I was a high school student, I often bought manga at a bookstore in Canada. I think Japanese manga has wonderful stories. They often make me cry. I like manga very much.

I have studied Japanese for four years. My favorite Japanese word is "*mottainai*". What is your favorite word? I'll be happy if you can tell me about it after class.

――（この間約３秒）――

繰り返します。(繰り返し)

――（この間約３秒）――

それでは，質問をそれぞれ２回ずつ行います。

質問①　What does Mr. Brown sometimes do in Nara Park?

What does Mr. Brown sometimes do in Nara Park?

――（この間約３秒）――

質問②　What does Mr. Brown want his students to do after class?

What does Mr. Brown want his students to do after class?

――（この間約３秒）――

これで，英語の聞き取り検査の放送を終わります。次の問題に進んでよろしい。

ア　春香さんや若菜さんの意見の問題点を探りながら聞き、その解決を図るために二人とは異なる観点から考えをまとめた。

イ　春香さんの意見と若菜さんの意見との共通点に注意しながら聞き、二人の意見と合致するように考えをまとめた。

ウ　自分の意見と、春香さんや若菜さんの意見とを比較しながら聞き、自分の意見と二人の意見との両方を生かして考えをまとめた。

エ　自分の意見と、春香さんや若菜さんの意見との異なる部分に注意しながら聞き、二人を説得することを重視して考えをまとめた。

(四)　あなたは、文化祭での発表内容を決める話し合いをクラスでする際に、司会をすることになった。あなたなら、どのようなことを心がけて進行するか。理由を含めて八十字以内で書け。

3　春香さんの中学校では、来年度入学予定の地域の小学六年生に中学校の魅力を伝えるため、紹介動画を作ることになった。次は、生徒会役員の【話し合いの一部】である。これを読み、各問いに答えよ。

【話し合いの一部】

春香　今日は動画の内容について話し合いましょう。意見がある人はいますか。
若菜　私は、行事の紹介がいいと思います。文化祭などの行事を楽しみにしている六年生は多いはずですから、きっと喜んでくれるだろうと思います。
陽一　来年度の文化祭は、地域の人を招いたらどうでしょう。
春香　それはいいアイデアですね。来年度の文化祭実行委員会で検討しましょう。では、今日の議題に話題を戻します。意見がある人はいますか。
陽一　はい。議題は動画の内容でしたね。私は、今年度の生徒会スローガンを盛り込んではどうかと考えます。私たちの目指す学校のイメージを伝えることができると思うからです。
若菜　なるほど。陽一さんは、目指す学校像を伝えたいのですね。その気持ちには共感しますが、生徒会スローガンは毎年変わります。六年生にとって、入学前のスローガンが必要な情報なのか少し疑問を感じました。
春香　私の意見も話していいですか。私は六年生のとき、中学校での学習に対して不安を抱いていたことを覚えています。ですから、教科の種類や、教科ごとに異なる先生が授業を担当して①くれることなどを動画に盛り込みたいと思います。
若菜　それはいいですね。六年生の不安を解消できそうです。
春香　ここまで様々な意見が出ましたが、②陽一さんはどう思いますか。

㈠　――線①を適切な敬語に直して書け。（　　）

㈡　【話し合いの一部】における発言についての説明として最も適切なものを、次のア～エから一つ選び、その記号を書け。（　　）

ア　春香さんは、計画的に話し合うために、検討する事柄の順序を確認してから考えを述べている。
イ　春香さんは、話し合いの目的に沿って、それた話題を戻したり発言を促したりしている。
ウ　若菜さんは、これまでに出された意見を整理した上で、異なる視点から新たな提案をしている。
エ　若菜さんは、話し合いをより深めるために、自分とは異なる意見に対して質問している。

㈢　次の□内は、――線②に対する陽一さんの発言である。陽一さんの考えのまとめ方を説明したものとして最も適切なものを、後のア～エから一つ選び、その記号を書け。（　　）

春香さんと若菜さんの意見を聞いて、私は自分が伝えたいことばかり考えていたけれど、動画を見る側の立場に立って考えることも大切だと気づきました。ですから、私たちがぜひ伝えたいことと、六年生の皆さんが知りたいであろうこととをバランスよく盛り込んではどうでしょうか。

2 次の文章を読み、各問いに答えよ。

今は昔、公任大納言《きむたふのだいなごん》、春の①ころほひ、白川の家に居たまひける時、しかるべき殿上人《てんじやうびと》四五人ばかり行きて、花のおもしろくさぶらへば、見に参りつるなりと②いひければ、酒など勧めて遊びけるに、大納言かくなむ、

春きてぞ人もとひけるやまざとは花こそやどのあるじなりけれ

と。

(「今昔物語集」より)

(注) 公任=平安時代の歌人
大納言=大臣に次ぐ高官
白川=京都にある地名
殿上人=帝《みかど》が日常を過ごす御殿への出入りを許された人
さぶらへば=ございますので

(一) ——線①を現代仮名遣いに直して書け。( )

(二) ——線②とあるが、「殿上人」が言ったことを文章中から抜き出し、その初めと終わりの三字をそれぞれ書け。

初め [ ] 終わり [ ]

(三) 文章中の歌の意味として最も適切なものを、次のア〜エから一つ選び、その記号を書け。( )

ア 春がきて山里の様子について人から尋ねられるのは、私が山荘の主人として花に囲まれて暮らしているからであろう。

イ 春がきて山里で暮らし始めたわけを人から尋ねられたら、私は花を育てるために山荘の主人となったのだと答えよう。

ウ 春がきて山里に住む人のもとを訪れたところ、花の世話をして暮らす姿はまさに山荘の主人であることよ。

エ 春がきてようやく山里に人が訪れたということは、この山里では私ではなく花が山荘の主人なのであろう。

ただ、それはそれほど重要でない。おそらく答えは人の数だけあるだろう。つまり、その思考の過程こそが重要だと私は考える。写真と自分との間に思考の反復が生まれるからだ。

（小林紀晴「写真はわからない　撮る・読む・伝える――『体験的』写真論」より）

（注）キュレーター＝博物館・美術館で展覧会の企画などを行う専門職員
ファインダー＝撮影範囲を見定めるためにカメラに取り付けられたのぞき窓
SNS＝登録された利用者同士が交流し、写真や動画の投稿などもできるウェブサイトの会員制サービス
セルフポートレート＝自分で自分の姿を撮影した写真

(一)　□Aの漢字の読みを平仮名で書き、□Bの片仮名を漢字で書け。A（　　めて）　B（　　）

(二)　――線①と熟語の構成が同じものを、次のア～エから一つ選び、その記号を書け。（　）

ア　新春　　イ　永久　　ウ　氷解　　エ　乗船

(三)　――線②とは、それぞれ誰にとっての「窓」か。文章中からそれぞれ三字で抜き出して書け。

(四)　――線③とは、どのような「意味合い」か。最も適切なものを次のア～エから一つ選び、その記号を書け。（　）

ア　鏡面に映った自分の像を撮影するという意味合い
イ　自分の心情を他者が映すという意味合い
ウ　自分自身の心情を映すという意味合い
エ　他者の姿を撮影するという意味合い

(五)　――線④とはどういうことか。その説明として最も適切なものを、次のア～エから一つ選び、その記号を書け。（　）

ア　すべての写真が「窓」か「鏡」かに当てはまるわけではないという考え方は、写真の鑑賞には有益だということ。
イ　写真が「窓」なのか「鏡」なのかを考えることは、写真を観ることにおいて役立つということ。
ウ　写真を「窓」か「鏡」かのどちらで撮影するかを考えることは、写真の鑑賞に慣れることにも効果があるということ。
エ　写真を通して世界を知ろうとする考え方は、積極的に写真を観ることにつながるということ。

(六)　この文章の述べ方の特色として最も適切なものを、次のア～エから一つ選び、その記号を書け。（　）

ア　冒頭の問いが普遍的なものであることを示すために、様々な例を挙げて具体的に述べている。
イ　冒頭の問いの答えを模索する中で、筆者の論と複数の論とを比較しながら述べている。
ウ　冒頭の問いの内容について詳しく説明しながら、筆者の考えを論理的に述べている。
エ　冒頭の問いの答えを述べた後、資料を用いて読者に解説するように述べている。

(七)　この文章における筆者の主張を、文章中の言葉を用いて三十五字以内で書け。

(八)　＝＝線部を全体の調和を考え、楷書で、一行で丁寧に書け。

（　　）

国語

時間　三〇分
満点　別掲

1　次の文章を読み、各問いに答えよ。

写真は「窓」か、それとも「鏡」か――。

写真について語るとき、こんな問いが発せられることがある。アメリカ・ニューヨークにあるニューヨーク近代美術館（ＭｏＭＡ）の写真部門のキュレーターを①長年していたジョン・シャーカフスキーによる有名な言葉だ。これはシャーカフスキー自身が１９７８年にＭｏＭＡで企画して開催された「Mirrors and Windows」（鏡と窓）展に由来する。

まず、「窓」とは何か。簡潔にいえば、写真を通して外の世界を見ることを指している。ファインダーの向こうが窓の外と考えるとわかりやすいだろう。カメラは外界を見るため、体験するための窓ということになる。

カメラは当然、部屋の外に連れ出すことが可能だから、撮影された写真も鑑賞者にとっての「窓」となる。遠くへ出かけることなく、自分の知らない世界を文字通り「窓」の向こうに見ることができる。つまりファインダー、写真という②二つの意味での「窓」がここにある。

おそらく写真の発明直後、この「窓」の機能が人々を魅了したはずだ。そして、現在もそれが最大の魅力であることに変わりはないだろう。ＳＮＳにとっても、この「窓」の役割が最も一般的なはずだ。現在ではスマートフォンの登場によって、すべての人が窓を携帯しているともいえる。

それに対して「鏡」はどうだろう。こちらは少し複雑だ。鏡の機能を確認してみよう。鏡は光を忠実に反射させる。そのことによって鏡面に像を映す。もちろん、その機能はカメラにはない。だから少し抽象的、象徴的になる。自分の姿を投影する、あるいは心情を映すという比喩的な意味合いになる。実際、鏡に反射した自分の姿を映すなら、あきらかに「鏡」、つまりセルフポートレートということになる。だが、むしろ③それ以外の意味合いで用いられることの方が圧倒的に多い。

ここで冒頭の「問い」を整理すると、果たして写真は撮影者、鑑賞者が外の世界を知るための「窓」としてあるのか、あるいは撮影者自身の姿や心を映す「鏡」としてあるのかというものになる。ただし、すべての写真が当てはまるわけではない。また、その必要もないだろう。ただ、「写真を鑑賞する」という観点から考えると、④この考え方は有効だ。少なくとも、写真を観《み》ることにあまり慣れていない者にとっては、写真を観る・読む上で活用できるだろう。

一枚の写真を目にしながら、これは作者にとっての「窓」だろうか、それとも「鏡」だろうか、そのどちらなのだろうかと考えながら鑑賞することで、気づきを得られたり、大きなヒントを得られたりする。言い方を換えれば、それまで一枚の写真をただ漠然とＡ眺めていた場合とは違った見方を得ることができる。なぜなら、写真を「窓」か「鏡」かに分類しようとすることは、写真に対して能動的な姿勢を持つことにつながるからだ。

もう少し具体的にいうと、ある写真を見て「鏡」だと感じたとしよう。すると、自分はなぜ、その写真に対してそう感じたのかを自問することになる。答えを求める過程で、写真の裏側にあるＢハイケイについて考えることになる。あるいは、撮影者が撮影したときの状況などが気になってくる。そのことによって、自分なりの回答が見つかるかもしれないし、見つからないかもしれない。あるいは混乱するだけかもしれない。

2023年度／解答

数　学

1 【解き方】(1) ① 与式 $= -(10-4) = -6$　② 与式 $= 3x - 1 - 2x + 4 = x + 3$　③ 与式 $= \dfrac{6a^2b \times 3b}{2a} = 9ab^2$　④ 与式 $= (2x)^2 + (-3+5) \times 2x + (-3) \times 5 = 4x^2 + 4x - 15$　⑤ 与式 $= 3\sqrt{2} \times 3\sqrt{2} = 9 \times 2 = 18$

(2) 解の公式より，$x = \dfrac{-2 \pm \sqrt{2^2 - 4 \times 1 \times (-8)}}{2 \times 1} = \dfrac{-2 \pm \sqrt{36}}{2} = \dfrac{-2 \pm 6}{2}$ より，$x = \dfrac{-2-6}{2} = -4$，$x = \dfrac{-2+6}{2} = 2$

(3) 分速 160m の速さで走った時間は $(15 - x)$ 分だから，道のりは，$160(15 - x)$ m。

(4) 大小ともに 3 以上の目が出るのは，(大，小) = (3，3)，(3，4)，(3，5)，(3，6)，(4，3)，(4，4)，(4，5)，(4，6)，(5，3)，(5，4)，(5，5)，(5，6)，(6，3)，(6，4)，(6，5)，(6，6)の 16 通り。よって，求める確率は，$\dfrac{36-16}{36} = \dfrac{5}{9}$

(5) 辺 AB と平行でなく，交わらない辺は，辺 CG，DH，EH，FG の 4 本。

(6) 点 O と点 C を結ぶ。$\overset{\frown}{\mathrm{BC}}$に対する円周角より，$\angle\mathrm{BOC} = 2\angle\mathrm{BAC} = 60^\circ$　また，$\overset{\frown}{\mathrm{CD}}$に対する円周角より，$\angle\mathrm{COD} = 2\angle\mathrm{CED} = 70^\circ$　よって，$\angle x = \angle\mathrm{BOC} + \angle\mathrm{COD} = 130^\circ$

(7) 円の中心は弦の垂直二等分線上にあるから，線分 AB の垂直二等分線と線分 BC の垂直二等分線との交点を O とすればよい。

(例)

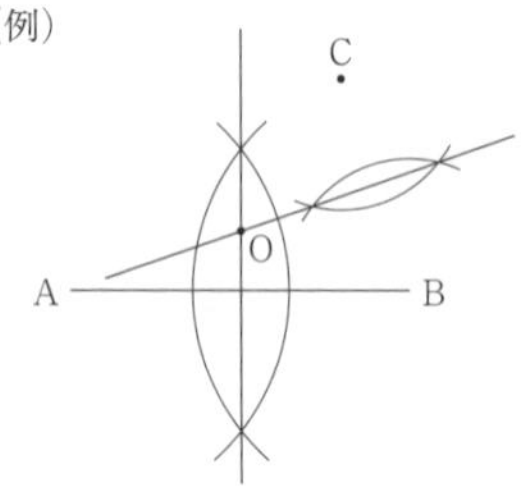

(8) ア．1 組の範囲は，$36 - 10 = 26$ (m)，2 組の範囲は，$30 - 16 = 14$ (m) より，正しくない。イ．1 組の四分位範囲は，$25 - 15 = 10$ (m) なので，正しい。ウ．図より，1 組と 2 組の第 3 四分位数は等しいので，正しくない。エ．1 組の生徒数は 22 人なので，記録を小さい順に並べたときの 6 番目の値が第 1 四分位数，17 番目の値が第 3 四分位数となる。箱ひげ図から，第 1 四分位数は 15m，第 3 四分位数は 25m なので，記録が 15m 以上 25m 以下である生徒は少なくとも，$17 - 6 + 1 = 12$ (人) いるので，正しくない。オ．2 組の生徒数は 21 人なので，記録を小さい順に並べたときの 11 番目の値が中央値であり，箱ひげ図から中央値が 22m とわかるから，正しい。

【答】(1) ① -6　② $x + 3$　③ $9ab^2$　④ $4x^2 + 4x - 15$　⑤ 18　(2) $x = -4$，2　(3) $160(15 - x)$ (m)　(4) $\dfrac{5}{9}$　(5) 4 (本)　(6) 130°　(7) (前図)　(8) イ，オ

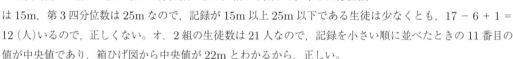

2 【解き方】(1) x 座標は，$6x=-2x+8$ の解で，$x=1$　y 座標は，$y=6x$ に $x=1$ を代入して，$y=6$ なので，C (1，6)

(2) 点 A は $y=-2x+8$ と x 軸の交点だから，$0=-2x+8$ より，$x=4$ なので，A (4，0)　直線 n が点 A を通るとき，$y=ax$ に $x=4$，$y=0$ を代入して，$a=0$　直線 n が点 C を通るとき，$y=ax$ に $x=1$，$y=6$ を代入して，$a=6$　よって，直線 n が線分 AC と交わるときの a の範囲は $0 \leqq a \leqq 6$　したがって，イとウ。

(3) $a=2$ のとき，点 D の x 座標は，$2x=-2x+8$ の解で，$x=2$　y 座標は，$y=2x$ に $x=2$ を代入して，$y=4$ なので，D (2，4)　よって，できる立体は右図のように，底面の半径が 4，高さが 2 の円錐と，底面の半径が 4，高さが，$4-2=2$ の円錐を合わせた立体である。したがって，求める体積は，$\left(\frac{1}{3}\times\pi\times4^2\times2\right)\times2=\frac{64}{3}\pi$

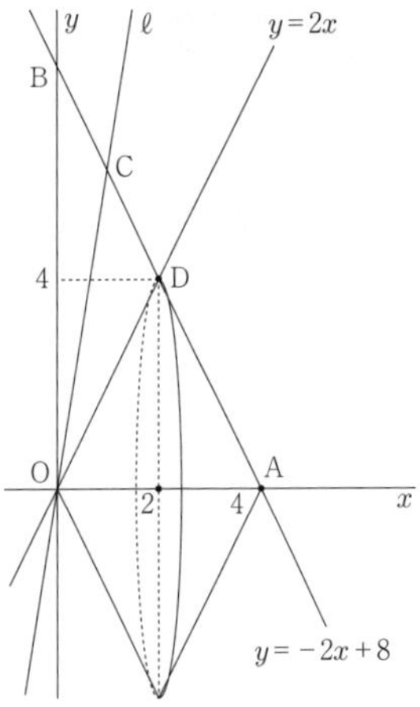

【答】(1) (1，6)　(2) イ，ウ　(3) $\frac{64}{3}\pi$

3 【解き方】(1) △ABD で三平方の定理より，BD $=\sqrt{10^2-6^2}=8$ (cm)

(3) AE ∥ FD より，∠BAE = ∠AFD　また，∠EAD = ∠ADF　$\overset{\frown}{\mathrm{BC}}=\overset{\frown}{\mathrm{CD}}$ より，∠BAE = ∠EAD　よって，∠AFD = ∠ADF なので，△ADF は二等辺三角形で，AF = AD = 6 cm　したがって，△ADF：△ABD = AF：AB = 6：10 = 3：5　△ADF = S とすると，△ABD $=\frac{5}{3}$S　また，△ABE：△ABD = BE：BD = BA：BF = 10：(10 + 6) = 5：8 より，△ABE $=\frac{5}{8}$△ABD $=\frac{25}{24}$S　よって，△ADF の面積は△ABE の面積の，S $\div\frac{25}{24}$S $=\frac{24}{25}$ (倍)

【答】(1) 8 (cm)

(2) (例) △ADE と△BCE において，対頂角は等しいから，∠AED = ∠BEC……①　1 つの弧に対する円周角は等しいから，∠DAE = ∠CBE……②　①，②より，2 組の角がそれぞれ等しいから，△ADE ∽ △BCE

(3) $\frac{24}{25}$ (倍)

英　語

1 【解き方】(1) ①「女性が車を洗っています」と言っている。②「夏は最も人気のある季節」,「春は冬より人気がある」という条件から選ぶ。

(2) ① マイクが最初に「ここに2個ある」と言っており，これから残り10個を見つけに行く。② 土曜日は1日中雨，日曜日は午前中が曇りで午後が雨だと聞き，トムは日曜日の午前中に行くことにした。

(3) ① ブラウン先生はときどき奈良公園に行って，マンガを読んで楽しんでいる。② スピーチの最後に，ブラウン先生が「みなさんのお気に入りの言葉は何ですか？　授業後，それについて私に話してくれたらうれしいです」と言っている。

【答】(1) ① イ　② ア　(2) ① ア　② ウ　(3) ① ウ　② エ

◀全訳▶　(1)

① 女性が車を洗っています。

② 私のクラスで，夏は最も人気のある季節です。春は冬より人気があります。

(2) ①

エマ　：マイク，私たちは明日，試合のためにサッカーボールを持っていなかければならないわ。

マイク：ここに2個あるよ，エマ。

エマ　：そうね，でももっと必要なのよ。12個持っていかなければならないの。

マイク：ああ，10個のボールを見つけなければならないね。それらを見つけよう。

質問　エマとマイクはいくつのボールを持っていますか？

②

トム：リサ，僕は今週末は図書館に行きたいんだ。今週の土曜日の天気はどうなりそう？

リサ：1日中雨になりそうよ，トム。

トム：自転車で行くつもりなので，土曜日に行くのはよい考えではないようだね。日曜日はどう？

リサ：午前中は曇りで，午後は雨になりそうよ。

トム：その日の午前中に行くことにするよ。

質問　トムはいつ図書館に行くつもりですか？

(3) こんにちは。私はマーク・ブラウンです。

私はカナダのトロント出身です。トロントはカナダで最も大きな都市で，美しい公園がたくさんあります。私の家の近くに大きくて素敵な公園があります。私はそこで自転車に乗ることを楽しみます。私はたくさんの種類の鳥を見たり，木の下で読書をしたりするのも好きです。私はそこで楽しいときを過ごします。

みなさんには奈良公園があります。そこは奈良で私のお気に入りの場所の1つです。私はときどきそこに行って，マンガを読んで楽しんでいます。マンガは日本文化の一部ですよね？　高校生のとき，私はしばしばカナダの書店でマンガを買いました。日本のマンガはストーリーがすばらしいと思います。それらは私をしばしば泣かせます。私はマンガが大好きです。

私は4年間日本語を勉強しています。私のお気に入りの日本語は「もったいない」です。みなさんのお気に入りの言葉は何ですか？　授業後，それについて私に話してくれたらうれしいです。

質問① ブラウン先生は奈良公園でときどき何をしますか？

質問② ブラウン先生は授業後，生徒たちに何をしてほしいと思っていますか？

2 【解き方】「私に外国の友だちがいたらなあ」という意味の仮定法の文。ケンの「シンガポールに友だちがいて，メールのやり取りをしている」という発言を聞いたあとのユリのせりふに入るのが適切。

【答】イ

3 【解き方】① 第2段落の1文目を見る。オーストラリアの地元カフェはそれぞれが「個性的」である。「個性的」= unique。

② 第2段落の最後の2文を見る。オーストラリアの人々は地元カフェでコーヒーを飲みながら，他の人々と「コミュニケーションをとること」を楽しむ。

③ 第3段落の1文目を見る。オーストラリアの人々は自分の「お気に入りの」カフェで楽しい時間を過ごす。「お気に入りの」= favorite。

【答】① エ　② イ　③ イ

◀全訳▶　コーヒーはオーストラリアの多くの人々に愛されている。彼らは自分たちのコーヒー文化を持っている。大手のコーヒーチェーン店もあるが，多くの小さな地元カフェが国内のあらゆるところにある。なぜ地元カフェはとても人気があるのだろうか？

それぞれのオーストラリアの地元カフェは個性的だ。例えば，カフェの中には，プロのバリスタが人々に試してもらいたい特別なコーヒーを出すところもある。質の高いコーヒーだけでなく，おいしい食べ物を出すカフェもある。おしゃれな室内装飾の店もある。人々はコーヒーと個性的な雰囲気を楽しむ。地元カフェは，オーストラリアのそれぞれの地域社会において，重要なコミュニケーションの場でもある。人々はコーヒーを飲みながら，他の人々との会話を楽しむ。

オーストラリアの多くの人々は自分たちが好きなカフェを見つけ，そこで特別な時間を楽しむ。朝食や昼食のためにカフェを訪れる人もいれば，仕事の前後に訪れる人もいる。忙しい朝での1杯のコーヒーを飲むためのほんの5分が，人によっては幸せな時間になる。オーストラリアの人々は，彼ら自身のコーヒー文化を誇りに思っている。

4 【解き方】(1) 本文の前にあるタケシの紹介文や，本文の第1段落最後の2文を見る。タケシはアメリカでの経験で学んだことについて学校新聞に記事を書いた。Experiences Teach Us a Lot =「経験は私たちにたくさん教えてくれる」。

(2) 本文の第2段落4・5文目を見る。下線部の hot は「辛い」という意味。ウの「このカレーはとても辛いので，何か飲み物が必要だ」が適切。

(3) ① 質問は「タケシはアメリカに行ったことがありますか？」。タケシはアメリカのカリフォルニアで1年間勉強していた。Yes で答える。② 質問は「タケシとホストファミリーは，家のルールについて，いつ話しましたか？」。本文第4段落の2文目を見る。タケシとホストファミリーが家のルールについて話したのは，タケシのアメリカ滞在の2日目のこと。

(4) ア.「他の国々の多くの人々とコミュニケーションをとり，自分の考え方を広げるために，タケシはアメリカに行った」。本文の第1段落1～3文目を見る。内容と合っている。イ. 本文の第2段落を見る。アメリカでの初日，タケシはホストマザーから「あなたは疲れているに違いない」と言われたが，実際にタケシが疲れていたわけではない。ウ. 本文の第2段落と第4段落を見る。アメリカ到着直後，タケシは英語でのやりとりに苦戦していた。第5段落1文目にあるように、ホストマザーはタケシが「問題なく英語でコミュニケーションがとれると思っていた」が，実際はそうではなかった。エ. 本文の第5段落2・3文目を見る。ホストファミリーに手紙を書いたとき，タケシは参考資料の表現だけを使って書いた。オ.「アメリカでのタケシの経験のいくつかは楽しいものではないが，それらはよい思い出だ」。本文の第3段落最終文，第5段落最後から2文目，最終段落1文目を見る。タケシがそれらの経験を前向きにとらえていることがわかる。内容と合っている。

【答】(1) ア　(2) ウ　(3) (例) ① Yes, he has.　② On the second day of his stay in the US.　(4) ア・オ

◀全訳▶　タケシは高校生です。彼はアメリカで1年間勉強しました。彼は1か月前に日本に帰ってきて，学校新聞にアメリカでの体験について書きました。

私はカリフォルニアで勉強しました。なぜ私は留学することを決めたのでしょう？　私は他の国々の多くの人々とコミュニケーションをとり，自分の考え方を広げたかったのです。私はアメリカでの経験を通して多くのことを学びました。そこで，そのいくつかをみなさんに紹介したいと思います。

日本からカリフォルニアまでは，約10時間かかりました。私のホストファミリーは空港で私を迎えてくれました。そのあと，私たちはレストランで一緒に夕食を食べました。おいしい料理だったのですが，それは私にとって「辛い」ものだったため，私は汗を止めることができませんでした。そのとき，私は「辛い」を表す英単語を知らなかったので，ホストファミリーに自分の状況をうまく説明することができませんでした。ホストマザーは「あなたの顔は真っ赤だし，汗もたくさんかいている。あなたは疲れているに違いない」と言いました。私はホストマザーをとても心配させてしまいました。

数か月後，私はそのことをホストファミリーと話し，私たちは一緒に笑いました。ホストマザーは私にジェスチャーを使えばいいと教えてくれました。今ではhot (辛い)という言葉を知っていて，その状況を説明することができます。それはよい経験で，たとえ上手に英語が話せなくても，ジェスチャーがコミュニケーションをとる手助けをしてくれることを私は学びました。それはよい思い出の１つです。

私はもう１つの経験をしました。私のアメリカ滞在の２日目，私たちは自分たちのことや家のルールについて話しました。ホストファミリーは，私たち自身のことや私の日本の学校生活について私に聞きました。私は彼らの質問が理解できたのですが，間違えるのが怖かったため，うまく答えることができませんでした。

ある日，ホストマザーが私に「前もって受け取った手紙の英語が完璧だったので，あなたは問題なく英語でコミュニケーションがとれると思っていました」と言いました。日本を出発する前に，私はホストファミリーに手紙を書いたのです。私は参考資料の中の表現だけを使ってそれを書きました。ホストマザーは続けて「今なら，あなたは上手に英語でコミュニケーションをとることができます」と言いました。私たちはその日も一緒に笑いました。それもよい思い出の１つです。私は，間違いを恐れずにコミュニケーションをとろうとすることが大切なのだと思います。

これらは，私のアメリカでのたくさんの経験のうちの２つに過ぎず，そしてそれらは楽しい経験ではありません。しかし，私はみなさんに，どのような経験からでも，私たちは多くのことを学ぶことができると言うことができます。

5 **【解き方】** A を選んだ場合は「私たちは一緒に魚を見て楽しむことができるので，私は彼女と一緒に A に行きたい」，B を選んだ場合は「彼女が日本の歴史について学べるので，私は彼女と一緒に B に行きたい」などの文が考えられる。

【答】（例）I want to go to B with her because she can learn about Japanese history.（15 語）

国　語

1 **【解き方】** ㈡ 上の漢字が下の漢字を修飾している。イは，同意の漢字の組み合わせ。ウは，上下の漢字が主述の関係。エは，上の漢字が動作を表し，下の漢字がその対象を表している。

㈢ 直前に「ファインダー」「写真」とあるので，「ファインダー」を通して「外の世界」を見ている者，「写真」を通して「外の世界」を見ている者をそれぞれおさえる。写真の「窓」の機能について，「鏡」と比べて「撮影者，鑑賞者が外の世界を知るための『窓』としてあるのか」と述べている。

㈣「鏡の機能」には「鏡面に像を映す」ことと，「自分の姿を投影する…心情を映すという比喩的な意味合い」があると説明している。この部分をふまえると，「それ」はすぐ前に「鏡に反射した自分の姿を映す」とあるので前者の機能を指し，「それ以外」は後者の比喩的な意味合いを指す。

㈤「有効」の意味は，次の文で「写真を観る・読む上で活用できる」と示している。続く部分で，鑑賞する際に写真が「窓」か「鏡」かを考えることで，「気づきを得られたり，大きなヒントを得られたりする」とより具体的に説明している。

㈥ 冒頭で問いを示したあとに，問いの中の「窓」「鏡」という言葉の意味を説明し，この観点の有効性について述べている。そして，最後に「つまり…こそが重要だと私は考える」と写真鑑賞時の姿勢についての筆者の考えを示している。

㈦「つまり，その思考の過程こそが重要だと私は考える…思考の反復が生まれるからだ」と述べていることに着目する。「その思考の過程」とは，前で述べている「一枚の写真を目にしながら…考えながら鑑賞すること」という過程を指している。

【答】 ㈠ A．なが(めて)　B．背景　㈡ ア　㈢ 撮影者・鑑賞者　㈣ ウ　㈤ イ　㈥ ウ

㈦ 写真の鑑賞においては，対象とする写真について思考する過程が重要だ。(33字)（同意可）

㈧（右図）

（例）

部屋の外に連れ出す

2 **【解き方】** ㈠ 語頭以外の「は・ひ・ふ・へ・ほ」は「わ・い・う・え・お」にする。

㈡「殿上人」と，発言を表す「といひければ」をおさえる。「四五人ばかり行きて」は，殿上人が実際にした行動。

㈢「花のおもしろくさぶらへば，見に参りつる」から，殿上人たちが美しく咲く花を見るために公任の山荘を訪問したことをおさえる。

【答】 ㈠ ころおい　㈡（初め）花のお　（終わり）るなり　㈢ エ

◀口語訳▶　今となっては昔のことだが，公任の大納言が，春の時分に，白川にある山荘に滞在なさったとき，身分の高い殿上人四，五人ほどが（公任の山荘に）行って，（桜の）花が趣深く（咲いて）ございますので，見にうかがいましたと言ったので，（公任は）酒などを勧めて宴を開いたときに，大納言がこのように，

　春がきてようやく山里に人が訪れたということは，この山里では私ではなく花が山荘の主人なのであろうと（歌を詠んだ）。

3 **【解き方】** ㈠「担当して」は「先生」の動作なので，尊敬語に改める。

㈡ 春香さんが「意見がある人はいますか」と二回言っていることや，「陽一さんはどう思いますか」と意見を聞き出そうとしていることに注目。また，陽一さんが「文化祭」のことを持ち出した際に，「今日の議題に話題を戻します」と仕切り直していることもふまえる。

㈢「意見を聞いて，私は…ばかり考えていたけれど，動画を見る側の立場に立って考えることも大切だと気づきました」に着目する。自分の意見と他の二人の意見との違う点に気づきを得ている。また，自分の提案と他の二人の提案を「バランスよく盛り込んではどうでしょうか」という考えを示していることもふまえる。

【答】 ㈠ くださる　㈡ イ　㈢ ウ

㈣（例）私は，意見とともに理由や意図も聞くようにしたい。一見異なる意見でも理由には共通点があることがあり，それを話し合うことで，よりよい結論を導き出せると考えるからだ。(80字)

~MEMO~

奈良県公立高等学校
（特色選抜）
―共通問題―

2022年度
入学試験問題

※奈良県教育委員会が作成した検査問題を収録しています。この検査問題を使用して特色選抜を実施した学校は次頁の通りです。

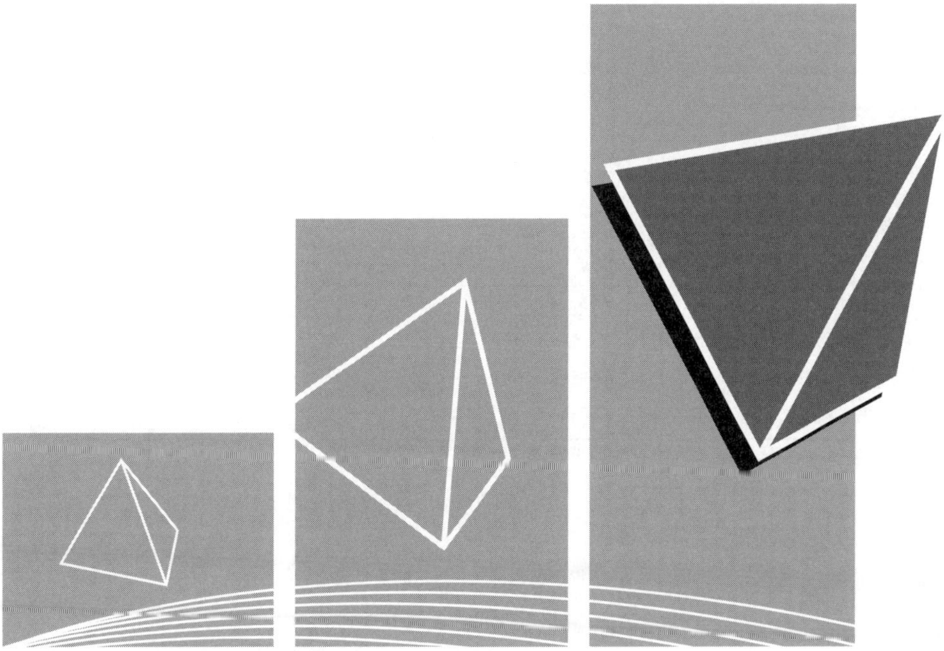

■県教委作成検査問題（共通問題）を使用した特色選抜実施校の検査科目と配点

学校名	学科・コース名	配点			
		数学	英語	国語	その他
奈良商工	機械工学　情報工学 建築工学　総合ビジネス 情報ビジネス　観光	40	40	40	面接(40)
国際	国際科 plus　国際	40	40	40	独自検査(50)＊3
山辺	普通(スポーツ探究)　自立支援農業	40	40	40	面接(40)／実技(60)
山辺	普通(キャリア探究)　生物科学探究	40	40	40	面接(40)
高円芸術	音楽	40	40	40	音楽(20)／実技(170)
高円芸術	美術　デザイン	40	40	40	実技(150)
添上	普通（人文探究）	40	40	40	口頭試問(30)
添上	スポーツサイエンス	40	40	40	面接(80)／実技(200)
二階堂	キャリアデザイン	40	40	40	面接(40)
商業	商業	＊1	＊1	＊1	面接(60)
桜井	普通(書芸)	40	40	40	実技(80)
桜井	普通(英語)	40	40	40	英語(80)
五條	普通(まなびの森)	40	40	40	口頭試問(20)／面接(20)
五條	商業	40	40	40	面接(40)
御所実業	環境緑地　機械工学 電気工学　都市工学 薬品科学	40	40	40	面接(90)
宇陀	普通　情報科学	＊2	＊2	＊2	面接(60)
宇陀	こども・福祉	＊2	＊2	＊2	面接(90)
法隆寺国際	歴史文化	40	40	40	作文・小論文(40)
法隆寺国際	総合英語	40	40	40	口頭試問(40)
磯城野	農業科学(食料生産／動物活用) 施設園芸(施設野菜／施設草花) バイオ技術(生物未来／食品科学) 環境デザイン(造園緑化／緑化デザイン) フードデザイン(シェフ／パティシエ) ライフデザイン ヒューマンライフ	40	40	40	面接(40)
高取国際	国際英語 国際コミュニケーション	40	40	40	口頭試問(40)
王寺工業	機械工学　電気工学 情報電子工学	40	40	40	独自問題(40)＊4
大和広陵	生涯スポーツ	40	40	40	実技(150)
奈良南	普通　情報科学 総合学科	40	40	40	面接(60)
十津川	普通(木工芸・美術)	40	40	40	面接(60)／実技(40)
十津川	普通(ふるさと共生)	40	40	40	面接(60)
奈良市立一条	外国語〈推薦選抜〉　第1段階の選抜		＊5		＊5　すべての検査を受検する必要があります。
奈良市立一条	外国語〈推薦選抜〉　第2段階の選抜	＊2	＊2	＊2	英語(60)
大和高田市立高田商業	商業	40	40	40	面接(40)

＊1：学力検査は3教科（各40点満点）の合計点を2.5倍にする。
＊2：学力検査は3教科（各40点満点）の合計点を1.5倍にする。
＊3：独自問題（ライティング）が20点満点，口頭試問が30点満点。
＊4：示された立体図を基にして，この立体の展開図を解答用紙に描く。
＊5：英語は合計で200点満点。

※配点欄の「その他」は，各学校が独自に作成した問題で実施された検査科目と配点を表しています。
これらの検査問題は本書には収録されておりません。

数学

時間　30分　　　　満点　別掲

1　次の各問いに答えよ。

(1)　次の①～⑤を計算せよ。

①　$3 \times (-6)$　(　　　)

②　$5(2x-y)+3(x-2y)$　(　　　)

③　$(-6a)^2 \div 9a \times b$　(　　　)

④　$(x+5)(x-3)-(x-2)^2$　(　　　)

⑤　$\sqrt{50}-\sqrt{8}$　(　　　)

(2)　2次方程式 $x^2-8x=0$ を解け。(　　　)

(3)　$\sqrt{7}$ より大きく $\sqrt{47}$ より小さい自然数は何個あるか。(　　　個)

(4)　「自然数 n を5でわると商が a で余りが2になる」という数量の関係を表した式が，次のア～オの中に1つある。その式を選び，ア～オの記号で答えよ。(　　　)

ア　$5(n+a)=2$　　イ　$n=5a+2$　　ウ　$5a=n+2$　　エ　$\frac{n}{5}=a+2$

オ　$n=\frac{a}{5}-2$

(5)　図1で，3点A，B，Cは円Oの周上にある。∠x の大きさを求めよ。

(　　　)

図1

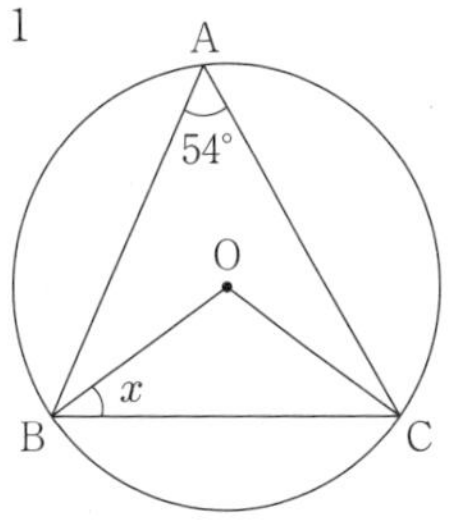

(6)　図2の△ABCにおいて，次の条件①，②を満たす点Pを，定規とコンパスを使って解答欄の枠内に作図せよ。なお，作図に使った線は消さずに残しておくこと。

［条件］

①　AP = BPである。

②　∠BAP = ∠CAPである。

図2

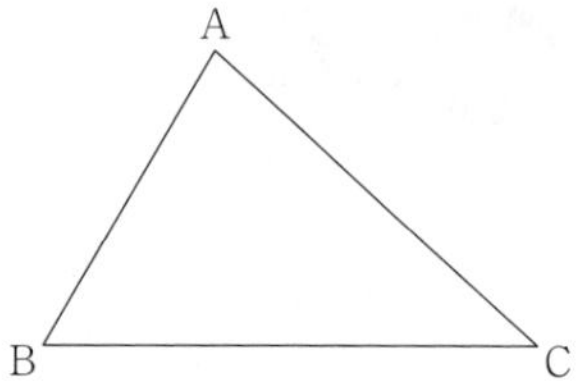

［作図］

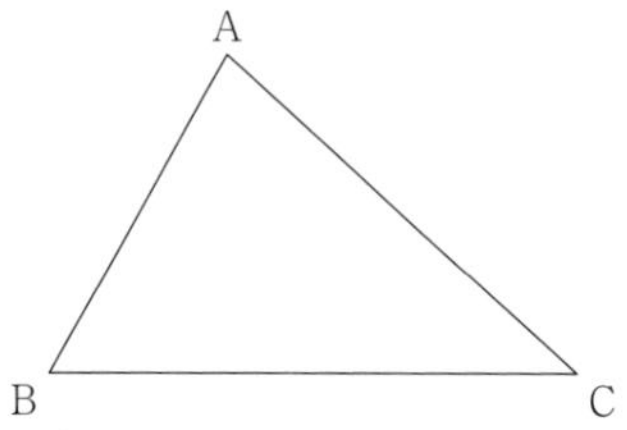

(7)　図3のように，1，2，3，4の数字を1つずつ書いた4枚のカードがある。このカードをよくきってから1枚ずつ2回続けてひき，ひいた順にカードを左から並べて2桁の整数をつくる。この整数が3の倍数になる確率を求めよ。(　　　)

図3

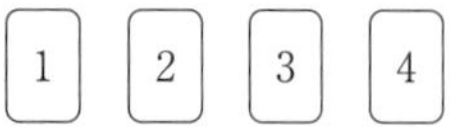

(8)　図4は，ある中学校の2年1組の生徒21人と2年2組の生徒20人のハンドボール投げの記録を，それぞれヒストグラムに表したものである。例えば，1組の10m以上12m未満の記録の生徒は1人である。図4の2つのヒストグラムから読み取ることができることがらとして適切なものを，後のア～オから全て選び，その記号を書け。(　　　)

図4

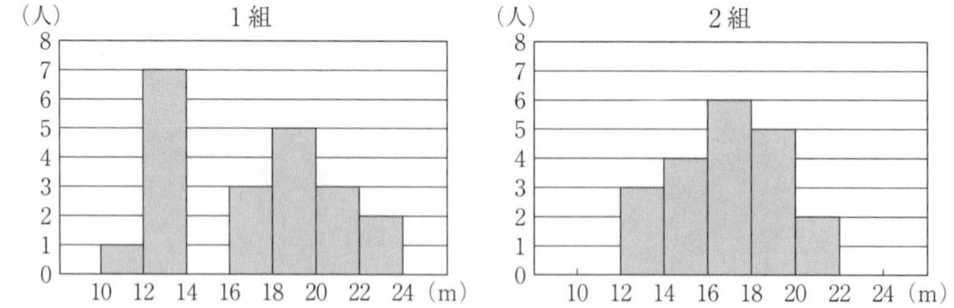

ア　ハンドボール投げの記録の範囲は，1組よりも2組の方が大きい。

イ　ハンドボール投げの記録が16m未満である生徒の人数は，1組よりも2組の方が少ない。

ウ　ハンドボール投げの記録が18m以上20m未満である階級の相対度数は，1組も2組も同じである。

エ　ハンドボール投げの記録の最頻値（モード）は，1組よりも2組の方が小さい。

オ　ハンドボール投げの記録の中央値（メジアン）が含まれる階級は，1組も2組も同じである。

2　右の図で，放物線は関数 $y = ax^2$ $(a > 0)$ のグラフである。2 点 A，B は，放物線上の点であり，その x 座標はそれぞれ -2，4 である。原点を O として，各問いに答えよ。

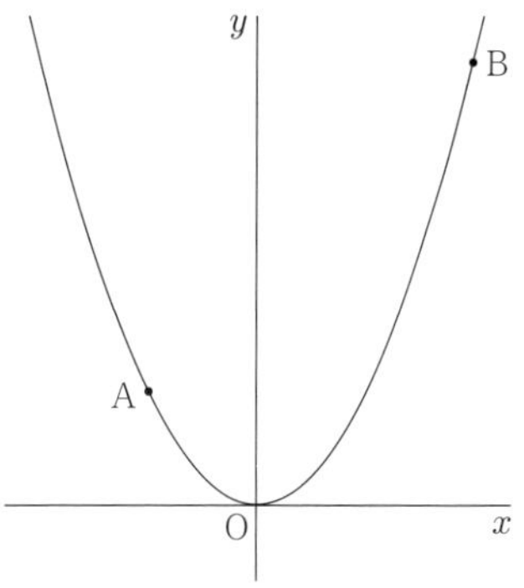

(1)　関数 $y = ax^2$ について，x の変域が $-2 \leqq x \leqq 4$ のときの y の変域を a を用いて表せ。(　　　)

(2)　関数 $y = ax^2$ について，x の値が -3 から -1 まで増加するときの変化の割合が -8 であるとき，a の値を求めよ。(　　　)

(3)　$a = \dfrac{1}{2}$ のとき，直線 AB と y 軸との交点を通り，△OAB の面積を 2 等分する直線の式を求めよ。(　　　)

3　右の図の平行四辺形 ABCD において，点 E は辺 AB 上にあり，AE : EB = 2 : 1 である。点 F は点 E を通り線分 AC に平行な直線と辺 BC との交点であり，点 G は点 F を通り辺 AB に平行な直線と線分 AC との交点である。各問いに答えよ。

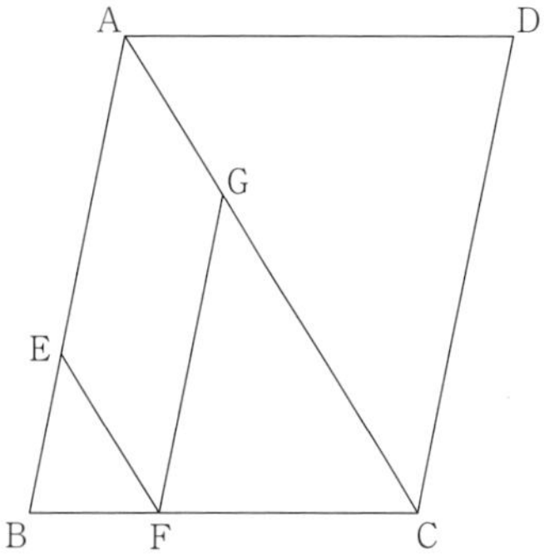

(1)　AB = a cm とする。線分 FG の長さを a を用いて表せ。

(　　　cm)

(2)　△ACD ∽ △FEB を証明せよ。

(　　　　　　　　　　　　　　　　　　　　)

(3)　線分 CE と線分 FG との交点を H とする。△CGH の面積は，平行四辺形 ABCD の面積の何倍か。(　　　倍)

英語

時間　30分　　　　満点　別掲

（編集部注）　放送問題の放送原稿は英語の末尾に掲載しています。
音声の再生についてはもくじをご覧ください。

1　放送を聞いて，各問いに答えよ。

(1)　①，②の英語の内容に合うものを，それぞれア～エから１つずつ選び，その記号を書け。なお，英語はそれぞれ1回ずつ流れる。①(　　　)　②(　　　)

①　ア　　　イ　　　ウ　　　エ

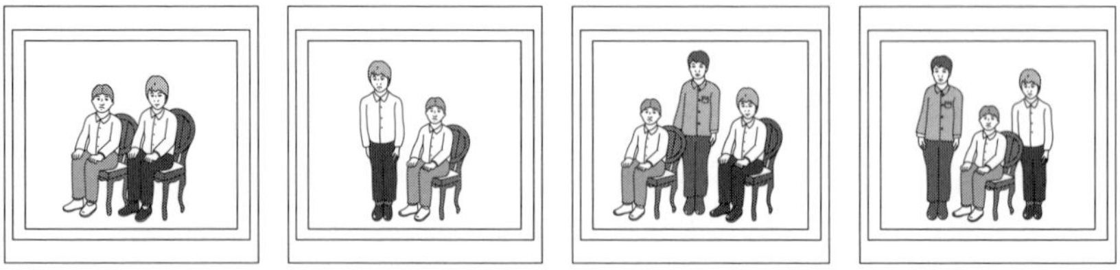

②　ア　　　イ　　　ウ　　　エ

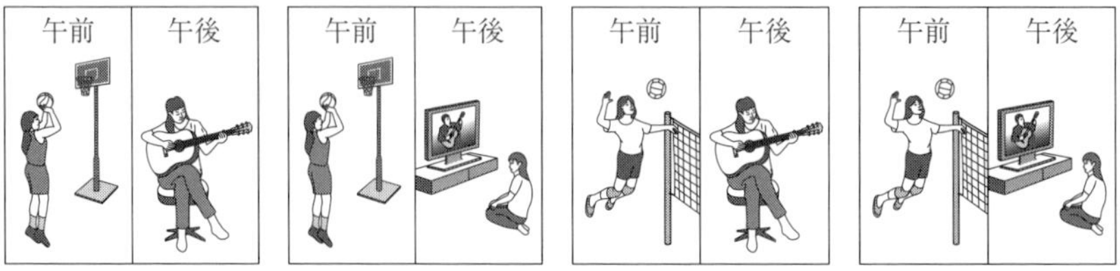

(2)　①，②の会話の内容についての質問に対する答えとして最も適切なものを，それぞれア～エから１つずつ選び，その記号を書け。なお，会話と質問はそれぞれ1回ずつ行う。

①(　　　)　②(　　　)

①　ア　To the supermarket.　　イ　To the post office.　　ウ　To his friend's house.
　　エ　To the museum.

②　ア　At 10:15 in the morning.　　イ　At noon.　　ウ　At 1:30 in the afternoon.
　　エ　At 2:15 in the afternoon.

(3)　英語の内容についての質問①，②に対する答えとして最も適切なものを，それぞれア～エから１つずつ選び，その記号を書け。なお，英語が2回流れた後，質問をそれぞれ2回ずつ行う。

①(　　　)　②(　　　)

①　ア　The book which his father gave to him.
　　イ　The book which his father wrote for him.
　　ウ　The book which he borrowed from the library.
　　エ　The book which he got from his friend.

②　ア　Because he wants to buy a lot of books.
　　イ　Because he wants children to understand English well.
　　ウ　Because he wants children to learn many things from books.

エ　Because he wants to enjoy the beautiful pictures in books.

[2]　文脈に合うように，[①]，[②]に入る最も適切な英語を，それぞれ後のア〜エから1つずつ選び，その記号を書け。①(　　　)　②(　　　)

Yuri and Ken are junior high school students. They are studying in the classroom after school.

Yuri:　I don't know what this word means. Do you know the meaning?

Ken:　No, I don't. [①]

Yuri:　Let's see. Oh, I left my dictionary at home. Do you have one?

Ken:　Well... Yes. I have one. [②]

Yuri:　Thank you!

①　ア　Where did you learn it?

イ　How about checking it in a dictionary?

ウ　Why do you know it?

エ　How long have you been using a dictionary?

②　ア　I'm sorry.　　イ　Me, too.　　ウ　You're welcome.　　エ　Here you are.

3　次の英文を読んで，各問いに答えよ。

"Can you be part of The Earth Orchestra and record a piece of music, *Together Is Beautiful*?" By asking musicians this question, a project to make a special piece started in 2018. For the first time in music history, 197 musicians from 197 countries formed The Earth Orchestra. They hope that people around the world can be one across borders through this project.

George Fenton, the director of The Earth Orchestra, composed a piece of music. Many musicians in the project added to his melodies. Traditional instruments from different countries were used in the piece.

Did the 197 musicians gather in one place to record the piece? They didn't. The musicians recorded in different places around the world, and then the recordings were mixed together. Finally, the very unique piece called *Together Is Beautiful* was released in 2020. It took about three years to finish making the piece.

One of the musicians said that the project was like holding hands to help the world to be one. The Earth Orchestra shows us how music can bring people together.

（注）The Earth Orchestra：アースオーケストラ　record：～を録音する
piece：(音楽などの)作品　form：結成する　border：国境
George Fenton：ジョージ・フェントン（作曲家）　director：監督　compose：作曲する
add to：～を豊かにする　melody：メロディー　instrument：楽器　gather：集まる
recording：録音されたもの　mix：複数の音声を調整してひとつにまとめる
release：発売する　bring ～ together：～をつなぐ

(1)　*Together Is Beautiful* について述べたものとして正しいものを，次のア～エから1つ選び，その記号を書け。(　　)
ア　音楽の歴史をテーマに作曲された。
イ　世界中から集めた曲の中から1つ選んだ。
ウ　197人の音楽家が1か所に集まり録音した。
エ　完成までに約3年かかった。

(2)　英文のタイトルとして最も適切なものを，次のア～エから1つ選び，その記号を書け。
(　　)
ア　A Director Who Composed a Unique Piece for The Earth Orchestra
イ　Musicians Who Added to the Melodies of a Unique Piece
ウ　Traditional Instruments Used in a Unique Piece
エ　A Unique Piece Made by 197 Musicians from 197 Countries

4 次の英文を読んで，各問いに答えよ。

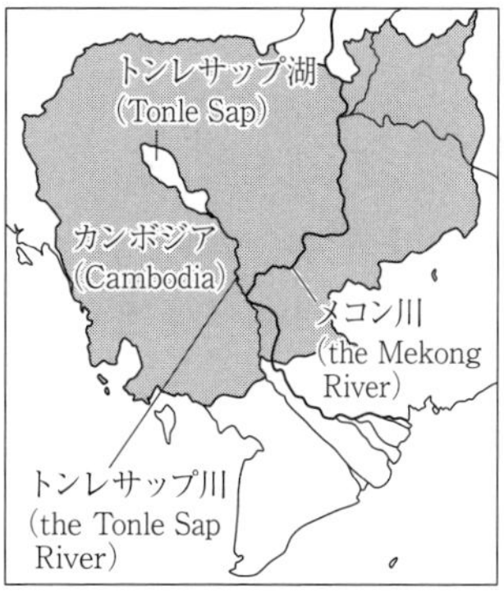

Tonle Sap is a lake in Cambodia. It is the largest lake in Southeast Asia. More than a million people live on or around the lake, and a lot of people there catch fish in the lake for their livelihood. There are shops on the lake. There is even a hospital on the lake. Tonle Sap is a place which a lot of visitors want to visit because the people's way of living and the environment there are unique.

The flow of water related to the lake is very special. Japan has four seasons in a year, but Cambodia doesn't. A year in Cambodia is divided into two seasons, the dry season and the rainy season. During the dry season, the water of the lake passes through the Tonle Sap River and flows into the Mekong River. The rainy season usually lasts from May to October, and the flow of the Mekong River during this season is usually different from the flow during the dry season. Because it rains a lot during the rainy season, the amount of water in the Mekong River increases so much that the water of the Tonle Sap River can't flow into the Mekong River. Then, the water of the Mekong River starts to flow into the Tonle Sap River and then into the lake. Some kinds of fish go from the Mekong River to the lake with the flow of the water. People who live on or around the lake can catch a lot of fish.

There are many different kinds of plants and animals around Tonle Sap. During the rainy season, the lake becomes larger than the lake during the dry season, and the forests around the lake are flooded. The flooded forests are good habitats for many animals. The forests are also good environments for many plants and fish. When the rainy season ends, the level of water in the lake becomes lower because the water of the lake flows through the Tonle Sap River to the Mekong River.

Today, the water level of the lake is one of the serious problems for people who live on or around the lake. The beginning of the rainy season is a little delayed because of climate change, and the amount of water in the lake seems to be decreasing every year. The water level has been lower, so the number of fish in the lake has also been decreasing. Some actions are necessary to improve this situation.

(注) Southeast Asia：東南アジア　livelihood：生計　flow：流れ，流れる
related to：～に関連した　divide into：～に分かれる　dry：雨の少ない
pass through：～を通る　last：続く　flood：水浸しにする　habitat：生息地
level：(水平面などの)高さ　be delayed：遅れる　climate change：気候変動
seem to：～するように思われる　action：行動　situation：状況

(1) 英文の内容について，次の①，②の問いにそれぞれ3語以上の英語で答えよ。ただし，コンマやピリオドなどは語数に含めないこと。

①　Do more than a million people live on or around Tonle Sap?

(　　　　　　　　　　　　　　　　　　　　　　　　　　　　　　　　　　　)

②　How many seasons are there in a year in Cambodia?

(　　　　　　　　　　　　　　　　　　　　　　　　　　　　　　　　　　　)

(2)　英文の内容について，次の問いに対する答えとして最も適切なものを，後のア～エから１つ選び，その記号を書け。(　　　)

How long does the rainy season usually last in Cambodia?

ア　About a month.　　イ　About two months.　　ウ　About six months.

エ　About ten months.

(3)　次の英文は，雨季における水の流れについてまとめたものである。(①)～(③)に入る最も適切な英語を，それぞれ後のア～ウから１つずつ選び，その記号を書け。

①(　　　)　②(　　　)　③(　　　)

During the rainy season, the water of (①) passes through (②) and flows into (③).

ア　Tonle Sap　　イ　the Tonle Sap River　　ウ　the Mekong River

(4)　英文の内容と合っているものを，次のア～オから２つ選び，その記号を書け。

(　　　)(　　　)

ア　There are shops and a hospital on Tonle Sap.

イ　A lot of fish in Tonle Sap go to the Mekong River during the rainy season.

ウ　You can see many different kinds of plants and animals around Tonle Sap.

エ　The level of water in Tonle Sap during the rainy season is lower than the level during the dry season.

オ　One of the serious problems for Tonle Sap is the number of people who visit there.

5　留学生のEmilyが帰国することになり，あなたは彼女にプレゼントを贈ることにした。あなたならA，Bのどちらを贈りたいか。その理由も含めて15語程度の英語で書け。ただし，１文または２文で書き，コンマやピリオドなどは語数に含めないこと。なお，選んだものをA，Bと表してよい。

(　　　　　　　　　　　　　　　　　　　　　　　　　　　　　　　　　　　)

A

B

〈放送原稿〉

(チャイム)

これから，2022 年度奈良県公立高等学校入学者特色選抜学力検査問題英語の聞き取り検査を行います。放送中に問題用紙の空いているところに，メモを取ってもかまいません。

それでは，問題用紙の1を見なさい。1には，(1)〜(3)の 3 つの問題があります。

まず，(1)を見なさい。

(1)では，①，②の英語が流れます。英語の内容に合うものを，それぞれ問題用紙のア〜エのうちから 1 つずつ選び，その記号を書きなさい。なお，英語はそれぞれ 1 回ずつ流れます。

それでは，始めます。

① In this picture, one boy is standing and two boys are sitting on the chairs.

──（この間約 3 秒）──

② Yesterday, I played basketball in the morning and then practiced the guitar in the afternoon.

──（この間約 3 秒）──

次に，(2)に移ります。

(2)では，①，②の 2 つの会話が行われます。それぞれの会話の後で会話の内容について質問を 1 つずつします。質問に対する答えとして最も適切なものを，それぞれ問題用紙のア〜エのうちから 1 つずつ選び，その記号を書きなさい。なお，会話と質問はそれぞれ 1 回ずつ行います。

それでは，始めます。

① *Mother:* Mike, I'll go to the supermarket and the post office. Can you come with me?

Mike: Sorry, Mom. I'll go to the museum to meet my friend. Can you take me there if you go by car?

Mother: OK. I'll take you to the museum first and go to the supermarket after that.

Mike: Thank you, Mom.

質問 Where will Mike go?

──（この間約 3 秒）──

② *Bob:* Hi, Kate. Let's go to see a movie this weekend. I want to see a new movie about animals.

Kate: That's nice. What time does the movie start?

Bob: The movie starts at ten fifteen in the morning and one thirty in the afternoon.

Kate: I see. How about meeting at noon and having lunch together before the movie?

Bob: Sounds good!

質問 What time will they start watching the movie?

──（この間約 3 秒）──

次に，(3)に移ります。

(3)では，Takeshi が授業で行った，自分の大切な物を紹介したスピーチが 2 回流れます。その後で，その内容について 2 つ質問をします。質問に対する答えとして最も適切なものを，それぞれ問題用紙のア〜エのうちから 1 つずつ選び，その記号を書きなさい。

それでは，始めます。

Today, I want to tell you about my book. Look at this. I got this when I was four. My father bought this for me.

This book is written in English. I didn't understand English, but I enjoyed the story by seeing the beautiful pictures in this. I liked this book so much. I asked my father to read this to me many times. My father was busy, but he often read this to me. I enjoyed talking with my father about this. This book is very important to me. Also, he sometimes took me to the library, and I borrowed many books from the library. Now, I enjoy learning from books.

In the future, I want to work at a library. I hope that children can learn a lot from books. Thank you for listening.

——（この間約3秒）——

繰り返します。(繰り返し)

——（この間約3秒）——

それでは，質問をそれぞれ2回ずつ行います。

質問①　What is Takeshi showing?

What is Takeshi showing?

——（この間約3秒）——

質問②　Why does Takeshi want to work at a library?

Why does Takeshi want to work at a library?

——（この間約3秒）——

これで，英語の聞き取り検査の放送を終わります。次の問題に進んでよろしい。

3 次の文章を読み、各問いに答えよ。

九月二十日あまりのほど、初瀬《はせ》に①まうでて、いとはかなき家にとまりたりしに、いとくるしくて、ただ②寝に寝入りぬ。

夜ふけて、月の窓より洩《も》りたりしに、人の臥《ふ》したりしどもが衣《きぬ》の上に、③白うてうつりなどしたりしこそ、いみじうあはれとおぼえしか。さやうなるをりぞ、人歌よむかし。

（「枕草子」より）

（注）初瀬＝初瀬にある長谷寺《はせでら》
はかなき家＝粗末な家
くるしくて＝疲れて

(一) ——線①を現代仮名遣いに直して書け。（　　）

(二) ——線②の意味として最も適切なものを、次のア～エから一つ選び、その記号を書け。（　　）

ア 少しだけ寝てしまった　イ はやばやと寝てしまった
ウ ぐっすりと寝てしまった　エ うっかり寝てしまった

(三) ——線③とあるが、「白く映っていた」ものは何か。それを説明した次の文の（　　）に当てはまる言葉を書け。（　　）

窓から洩れてきた（　　）

(四) この文章中で筆者は、どのようなときに人は歌をよむものだと述べているか。最も適切なものを、次のア～エから一つ選び、その記号を書け。（　　）

ア 何とも言えないなつかしさを覚えたとき
イ どうしようもない悲しみに沈んだとき
ウ 人のことをとても気の毒に思ったとき
エ たいそうしみじみとした趣を感じたとき

動についても書きたいと考え、報告書の下書きを作成した。その後、友達のアドバイスにより修正を加えた。次は【報告書の下書きの一部】と【修正後の報告書の一部】である。作成した下書きを読んだ友達からどのようなアドバイスがあったと考えられるか。最も適切なものを、後のア〜エから一つ選び、その記号を書け。（　　）

【報告書の下書きの一部】

> 二　来年度の新たな取り組み
>
> 　来年度に取り組みたいことは、新たな学校図書館行事の開催である。学校図書館の利用者数は、夏休みや冬休み前には増えるが、その他の月は、一日当たり数人しか利用しておらず、利用者が少ない状況だ。
>
> 　そこで、利用者数を少しでも増やすために、学校図書館を利用して本に触れる機会となるような行事をたくさん計画し、多くの人に本の面白さを伝えたい。そして、より一層活気のある学校図書館を目指したい。

【修正後の報告書の一部】

> 二　来年度の新たな取り組み
>
> 　来年度に取り組みたいことは、新たな学校図書館行事の開催である。学校図書館の利用者が少ない状況を改善するために、学校図書館で本に触れる機会となるような行事をたくさん計画し、開催したい。
>
> 　例えば、ブックトークを開催したり、貸し出し回数の多かった本の読書会を開き、感想を交流したりするというような行事だ。多くの人に本の面白さを伝えて、利用者を増やし活気のある学校図書館にしたい。

ア　どんな行事を考えているのか、具体例をいくつか挙げて示した方がよいと思う。

イ　学校図書館の利用状況について、より一層詳細な情報を伝えた方がよいと思う。

ウ　なぜその活動に取り組みたいのか、理由をたくさん示した方がよいと思う。

エ　中学生が読書をすることの意義や重要性についても、伝えた方がよいと思う。

により考えは様々であることを説明している。

ウ　これまで述べてきた考えには当てはまらない例として示し、問題点を明らかにしている。

エ　これまで述べてきた考えについての別の例として加え、考えをより確かなものにしている。

(七)　――線④とあるが、芭蕉はどうすることで「あざやかに塗り替えた」のか。簡潔に書け。

（　　　　）

(八)　＝＝線部を全体の調和を考え、楷書で、一行で丁寧に書け。

（　　　　）

(九)　文章中に、「肉筆」と「メールの文章」について述べられている部分がある。手書きの文字で伝えることについてのあなたの考えを、メールの文章で伝えることと比較し、理由を含めて八十字以内で書け。

2　図書委員である春香さんは、生徒会に提出する活動報告書を作成している。各問いに答えよ。

(一)　春香さんは、今年度の図書委員会の活動を付箋に書き出して、A、Bのように整理した。次の【付箋の分類】A、Bの観点として最も適切なものを、それぞれ後のア～オから一つずつ選び、その記号を書け。

A（　　）　B（　　）

【付箋の分類】

A

学校図書館の利用者数を調べ、統計を取った。

貸し出し回数の多い本を調べ、ランキングを作成した。

B

月に一度、図書委員会だよりを発行した。

週に一度、昼休みの校内放送でおすすめの本を紹介した。

ア　校内における広報活動について

イ　生徒の意見を収集する活動について

ウ　他の委員会と協働した活動について

エ　学校図書館の利用状況の調査について

オ　学校図書館の蔵書数の確認について

(二)　春香さんは活動報告書に、来年度図書委員会として取り組みたい活

今も流れる。奈良時代の公卿《くぎょう》の左大臣　橘《たちばなの》　諸兄《もろえ》がこの地に別荘を建て、山吹をB［ウえて］、風流を楽しんだという。読み人しらずの歌は、その名高い山吹の花ざかりをみられなかったことを悔やんだもの。

平安時代の蛙の和歌は、ほとんどがこの井出の玉川の蛙を詠《よ》んだものだ。清流として名高く、河鹿蛙《かじかがえる》の澄んだ声も聞こえたにちがいない。

強い連想関係にあった、蛙、井出の玉川、そして山吹。古き世のうたびとたちがそう詠みならわしているとはいえども、それだけではあるまい。そう考えた芭蕉は、「古池や」と付ける。山吹が清らかに咲く川べりで、美しい声で鳴くだけが蛙ではない。清らかな川ならぬ「古池」に、鳴くのではなく飛びこむ音だって、情趣があるのではないか。

芭蕉は、山吹と結びついた「蛙」という言葉の美しさを、そのまま信用しなかった。「蛙」という言葉にまとわりついていたぼろぼろのペンキを、実感を通して、自分の納得できる色に④あざやかに塗り替えてしまったのだ。

（高柳克弘「究極の俳句」より）

（注）スラング＝特定の社会や仲間の間だけに通じる特殊な言葉
スタンプ＝インターネット上のメッセージに添える、感情や心境を表現したイラスト
もの多くに＝ものの多くに
公卿＝大臣などの貴族
河鹿蛙＝蛙の一種で、雄は美声で鳴く

(一)［　］Aの漢字の読みを平仮名で書き、［　］Bの片仮名を漢字で書け。A（　　かせる）　B（　　えて）

(二)――線①の「から」と同じ意味で使われているものを、次のア～エから一つ選び、その記号を書け。（　　）
ア　明日から始める。　　イ　時間がないから急ぐ。
ウ　先生からほめられる。　　エ　奈良から出発する。

(三)――線②と筆者が述べるのはなぜか。その理由として最も適切なものを、次のア～エから一つ選び、その記号を書け。（　　）
ア　時間が経過しているから。
イ　順序立てて説明していないから。
ウ　牡丹の感動を一緒に味わっていないから。
エ　伝える相手の気持ちを考えていないから。

(四)――線③とはどういうことか。その説明として最も適切なものを、次のア～エから一つ選び、その記号を書け。（　　）
ア　人々から認められ、自分の活躍の場を広げようとすること。
イ　人々に自分の考えを伝え、意見を変えさせようとすること。
ウ　人々に自分を合わせ、目立たないようにすること。
エ　人々と交流し、自分の考えを深めようとすること。

(五)高浜虚子が文章中の俳句に「紅ほのか」という言葉を用いた理由を、筆者はどのように考えているか。それを説明した次の文の（　　）に当てはまる言葉を、文章中から九字で抜き出して書け。

「紅ほのか」という言葉を用いた方が、「白牡丹」の（　　）と考えている。

(六)芭蕉の俳句の例は、この文章の中でどのような働きをしているか。その説明として最も適切なものを、次のア～エから一つ選び、その記号を書け。（　　）
ア　これまで述べてきた考えとは対照的な考えの例として用い、別の見方を示している。
イ　これまで述べてきた考えの例とは別の時代の例として挙げ、時代

国語

時間　三〇分
満点　別掲

1　次の文章を読み、各問いに答えよ。

白牡丹《はくぼたん》といふといへども紅《こう》ほのか　高浜虚子《たかはまきょし》

まっしろな牡丹を「白牡丹」と名付けた先人に、「といふといへども」と、虚子は異議申し立てをする。

たとえばあなたが牡丹園を散策していて、一緒にいる相手に、牡丹の純白の美しさを伝えようとすれば、「きれいだね。」のひとことで、じゅうぶんだ。

それがじゅうぶんに通じているのは、あなたが、あなたの声で、それをいっている①からだ。そして、牡丹園を吹きわたるほのかな芳香を乗せた風や、花びらを白くA輝かせる日ざしを、共有しているからだ。

しかし、その場を離れると、通じにくくなる。家に帰って、待っていた家族に伝えようとすると、「牡丹が見ごろだったよ。」「きれいだったよ。」では、②じゅうぶんではなくなる。相手はあいづちを打ってくれるだろうが、それはあなたの伝える牡丹の美しさをわかったわけではなく、牡丹をみてうれしそうにしているあなたの顔がうれしいからだ。

遠くに住む友人に、手紙で書こうとすると、さらに感動は逃げていく。とはいえ、「肉筆」という字が示しているように、あなたの文字の癖は、あなたの肉体の刻印だ。たとえ拙い表現ではあっても、相手の心をつかむことは、難しくない。

メールでは、伝わりづらさに、拍車がかかる。ＰＣ画面に映る文字の鮮明さとはうらはらに、牡丹の感動は、そこには乗らない。無意識にそのことがわかっている私たちは、メールの文章では、個人的な内面を吐露しようとはしない。スラングを使って、逆に③自己を大衆に溶かそうとする。あるいは、絵文字やスタンプといった、言葉以外のものに頼ろうとする。

紙の上に噴きつけられたインクによって伝えようとすれば、どうか。ほとんど、砂漠で水遊びをしようと言い出すに等しい、はかない願望といってもいい。

だから、俳人は言葉を信用しない。虚子は「白牡丹」という言葉を疑った。真っ白な牡丹を「白牡丹」という。「白牡丹」――美しい響きと字面《じづら》をそなえた言葉だ。でも、「白」ということで、本当にその白さが伝わるのか。「紅ほのか」、つまり白とは異なる紅色を内包しているといったほうが、かえってその奥深い白さが伝わる。その結果、「といふといへども」という再定義に至る。

この「といふといへども」は、じつは名句と呼ばれるもの多くに、隠されている。

古池や蛙《かはづ》飛びこむ水の音　芭蕉《ばしょう》（『蛙合《かはづあはせ》』）

芭蕉の句は、「蛙」というものが「山吹《やまぶき》」と結びつけられていたことに、反抗している。弟子の支考《しこう》が書き留めていた逸話によれば、芭蕉が「蛙飛びこむ水の音」と思いつき、上の五音を置きあぐねていたところに、一番弟子の其角《きかく》が「山吹や」としたらどうか、と提案した。しかし、芭蕉は其角に賛同せず、自分で「古池や」と置いて、よしとした。

かはづなくゐでの山吹ちりにけり花のさかりにあはまし物を　読人しらず（『古今和歌集』）

「蛙飛びこむ水の音」のフレーズを耳にした其角の頭の中には、たとえばこんな和歌がよぎったはずだ。井出の玉川は、京都府綴喜《つづき》郡井手町に

2022年度／解答

数　学

1 【解き方】(1) ① 与式 $= -(3 \times 6) = -18$　② 与式 $= 10x - 5y + 3x - 6y = 13x - 11y$　③ 与式 $= 36a^2 \div 9a \times b = \dfrac{36a^2 \times b}{9a} = 4ab$　④ 与式 $= x^2 + 2x - 15 - (x^2 - 4x + 4) = x^2 + 2x - 15 - x^2 + 4x - 4 = 6x - 19$　⑤ 与式 $= \sqrt{2 \times 5^2} - \sqrt{2^3} = 5\sqrt{2} - 2\sqrt{2} = 3\sqrt{2}$

(2) $x(x - 8) = 0$ より，$x = 0,\ 8$

(3) $\sqrt{4} < \sqrt{7} < \sqrt{9}$ より，$2 < \sqrt{7} < 3$　また，$\sqrt{36} < \sqrt{47} < \sqrt{49}$ より，$6 < \sqrt{47} < 7$　よって，3，4，5，6 の 4 個。

(4) n は 5 の a 倍より 2 大きい数となる。

(5) 円周角の定理より，$\angle BOC = 2\angle BAC = 108°$　$\triangle OBC$ は $OB = OC$ の二等辺三角形だから，$\angle x = (180° - 108°) \div 2 = 36°$

(6) ①より，点 P は AB の垂直二等分線上にあり，②より，点 P は∠BAC の二等分線上にある。

(例)

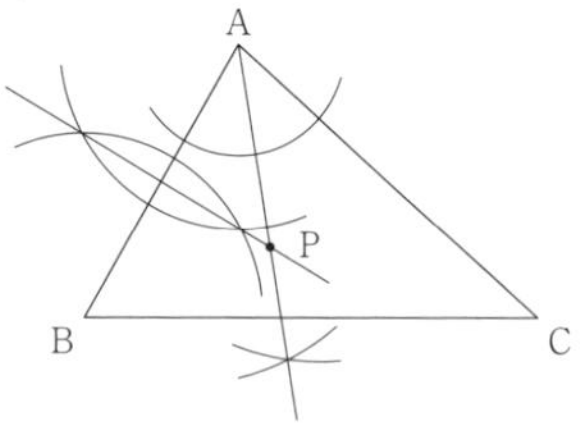

(7) できる整数は，12，13，14，21，23，24，31，32，34，41，42，43 の 12 通り。このうち，3 の倍数は下線を引いた 4 通りだから，求める確率は，$\dfrac{4}{12} = \dfrac{1}{3}$

(8) ア．2 組では，10～12m，22～24m の階級の人はいないから，正しくない。イ．16m 未満なのは，1 組が，$1 + 7 = 8$(人)，2 組が，$3 + 4 = 7$(人)だから，正しい。ウ．度数は 5 人で同じだが，クラスの人数が違うから，相対度数は同じでない。エ．最頻値は，1 組が 7 人の 13m，2 組が 6 人の 17m だから，正しくない。オ．1 組の中央値は小さい方から 11 番目の記録で，2 組の中央値は小さい方から 10 番目と 11 番目の記録の平均値となる。どちらも 16～18m の階級に含まれるから，正しい。

【答】(1) ① -18　② $13x - 11y$　③ $4ab$　④ $6x - 19$　⑤ $3\sqrt{2}$　(2) $x = 0,\ 8$　(3) 4(個)　(4) イ　(5) 36°　(6) (前図)　(7) $\dfrac{1}{3}$　(8) イ，オ

2 【解き方】(1) $x = 0$ で最小値 $y = 0$ をとり，$x = 4$ で最大値，$y = a \times 4^2 = 16a$ をとる。よって，求める変域は，$0 \leqq y \leqq 16a$

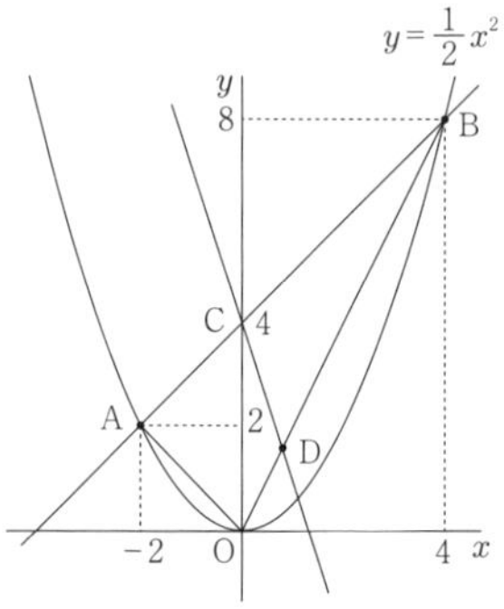

(2) $y = ax^2$ に，$x = -3$ を代入して，$y = a \times (-3)^2 = 9a$　$x = -1$ を代入して，$y = a \times (-1)^2 = a$　変化の割合は，$\dfrac{a - 9a}{-1-(-3)} = \dfrac{-8a}{2} = -4a$　よって，$-4a = -8$ より，$a = 2$

(3) $y = \dfrac{1}{2}x^2$ に，$x = -2$ を代入して，$y = \dfrac{1}{2} \times (-2)^2 = 2$，$x = 4$ を代入して，$y = \dfrac{1}{2} \times 4^2 = 8$ だから，A$(-2,\ 2)$，B$(4,\ 8)$　2 点の座標から，直線 AB の式を求めると，$y = x + 4$ だから，右図のように，直線 AB と y 軸との交点を C とすると，C$(0,\ 4)$　$\triangle OAB = \triangle OAC + \triangle OBC = \dfrac{1}{2} \times 4 \times 2 + \dfrac{1}{2} \times 4 \times 4 = 4 + 8 = 12$ だから，$\triangle OAB$ の面積を 2 等分する直線は OB と交わり，その交点を D とすると，$\triangle ODC = 12 \times \dfrac{1}{2} - 4 = 2$　点 D の x 座標を d と

すると，$\frac{1}{2}\times 4\times d=2$ より，$d=1$　直線OBの式は $y=2x$ で，点Dはこの直線上にあるから，D(1, 2)　よって，CDの傾きは，$\frac{2-4}{1-0}=-2$ で，直線CDの式は，$y=-2x+4$

【答】(1) $0\leqq y\leqq 16a$　(2) 2　(3) $y=-2x+4$

③【解き方】(1) AB∥GF，EF∥AC だから，四角形AEFGは平行四辺形で，FG = EA となる。AE：EB = 2：1 より，EA = $\frac{2}{3}$BA だから，FG = $\frac{2}{3}a$ cm

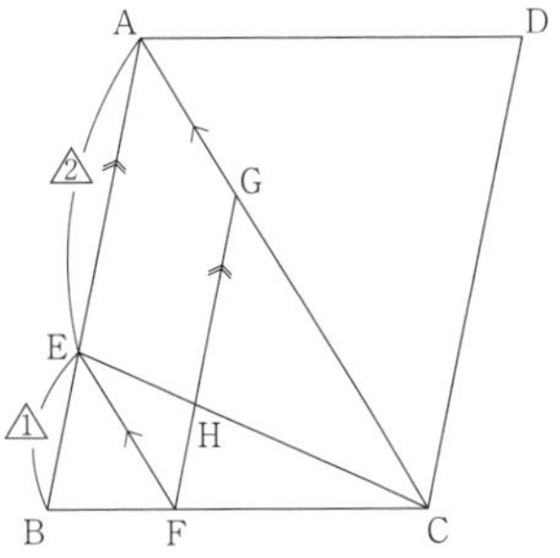

(3) 右図において，平行四辺形の面積をSとすると，△CAB = $\frac{1}{2}$S　AE = $\frac{2}{3}$AB より，△CAE = $\frac{1}{2}$S × $\frac{2}{3}$ = $\frac{1}{3}$S　また，GF∥AB より，△CGF ∽△CAB だから，CG：CA = FG：BA = 2：3　△CGH ∽△CAE で，△CGH：△CAE = 2^2：3^2 = 4：9　したがって，△CGH = $\frac{4}{9}$△CAE = $\frac{4}{9}\times\frac{1}{3}$S = $\frac{4}{27}$S

【答】(1) $\frac{2}{3}a$ (cm)

(2) (例) △ACDと△FEBにおいて，四角形ABCDは平行四辺形で，対角は等しいから，∠ADC = ∠FBE……①　AB∥DC より，平行線の錯角は等しいから，∠ACD = ∠CAB……②　AC∥EF より，平行線の同位角は等しいから，∠FEB = ∠CAB……③　②，③より，∠ACD = ∠FEB……④　①，④より，2組の角がそれぞれ等しいから，△ACD ∽△FEB

(3) $\frac{4}{27}$ (倍)

英　語

1 【解き方】(1) ①「1人の少年は立ち，2人の少年はいすに座っている」と言っている。②「午前中にバスケットボールをした」,「午後にギターの練習をした」と言っている。

(2) ① マイクは「友だちに会うために博物館へ行く」と言っている。② 映画の開始時刻は午前10時15分と午後1時30分。ケイトの「正午に会って，映画の前に一緒に昼食を食べるのはどう？」というせりふから，2人は午後1時30分に映画を見始めることがわかる。

(3) ① タケシは「父親が彼に与えた本」を見せながらスピーチをしている。② スピーチの最後に「私は子どもたちが本から多くのことを学べたらいいと思います」と言っている。

【答】(1) ① ウ　② ア　(2) ① エ　② ウ　(3) ① ア　② ウ

◀全訳▶　(1)

① この絵の中で，1人の少年は立ち，2人の少年はいすに座っている。

② 昨日，私は午前中にバスケットボールをし，それから午後にギターの練習をした。

(2) ①

母親　：マイク，私はスーパーマーケットと郵便局に行くの。私と一緒に来てくれる？

マイク：ごめん，お母さん。僕は友だちに会うために博物館へ行く予定なんだ。もし車で行くなら僕をそこまで送ってくれない？

母親　：いいわよ。最初にあなたを博物館まで連れていって，そのあとでスーパーマーケットに行くことにするわ。

マイク：ありがとう，お母さん。

質問：マイクはどこへ行く予定ですか？

②

ボブ　：やあ，ケイト。今週末，映画を見にいこうよ。動物の新しい映画が見たいんだ。

ケイト：それはいいわね。映画は何時に始まるの？

ボブ　：映画は午前10時15分と，午後1時30分に始まるよ。

ケイト：わかったわ。正午に会って，映画の前に一緒に昼食を食べるのはどう？

ボブ　：いいね！

質問：彼らは何時に映画を見始めるでしょうか？

(3) 今日は，私の本についてみなさんにお話ししたいと思います。これを見てください。私は4歳だったときにこれをもらいました。父がこれを私に買ってくれたのです。

この本は英語で書かれています。私は英語が理解できませんでしたが，この中にある美しい絵を見て物語を楽しみました。私はこの本が本当に好きでした。私はこれを読んでくれるよう，父に何度も頼みました。父は忙しかったのですが，よく私にこれを読んでくれました。私はこれについて父と楽しく話をしました。この本は私にとってとても大切です。また，彼は時々私を図書館に連れていってくれたので，私は図書館から多くの本を借りました。今，私は本から学ぶことを楽しんでいます。

将来，私は図書館で働きたいと思っています。私は子どもたちが本から多くのことを学べたらいいと思います。ご清聴ありがとうございました。

質問① タケシは何を見せていますか？

質問② タケシはなぜ図書館で働きたいのですか？

2 【解き方】①「私はこの単語が何を意味するのかわかりません。あなたはその意味を知っていますか？」という言葉を受けたせりふ。ケンも「わかりません」と答えていることから，「それを辞書で調べたらどうですか？」と提案する文が適切。How about ～ing? =「～してはどうですか？」。

② 辞書を家に忘れたと言うユリに，ケンが自分の辞書を手渡そうとしている。Here you are.＝「はいどうぞ」。

【答】 ① イ　② エ

3 **【解き方】** (1) ア．曲のテーマについては述べられていない。イ．第2段落の1文目を見る。曲はオーケストラの監督によって作られた。ウ．第3段落の1～3文目を見る。197人の音楽家が世界のさまざまな場所で録音した。エ．第3段落の最終文を見る。正しい。

(2) 197か国の197人の音楽家で結成されたオーケストラによる，前例のない作品についての紹介文である。

【答】 (1) エ　(2) エ

◀全訳▶ 「アースオーケストラの一員となって，『*Together Is Beautiful*』という音楽作品を録音してくれませんか？」 音楽家たちにこの質問をすることで，特別な作品を作るプロジェクトが2018年に始まった。音楽の歴史上初めて，197か国の197人の音楽家がアースオーケストラを結成した。彼らはこのプロジェクトを通じて，世界中の人々が国境を越えてひとつになれることを願った。

アースオーケストラの監督であるジョージ・フェントンが音楽作品を作曲した。そのプロジェクトに参加した多くの音楽家が彼のメロディーを豊かにした。さまざまな国の伝統的な楽器がその作品に用いられた。

その作品を録音するために，197人の音楽家が1か所に集まったのだろうか？　そうではなかった。音楽家たちは世界中のさまざまな場所で録音し，その後，複数の音声を調整して録音されたものがひとつにまとめられた。とうとう2020年に，*Together Is Beautiful* という，他に類を見ない作品が発売された。その作品を作り終えるのには約3年かかった。

そのプロジェクトは，世界がひとつになれるよう手をつなぎ合うようなものだ，と音楽家の1人が言った。アースオーケストラは，音楽がいかに人々をつなぐことができるのかを私たちに示している。

4 **【解き方】** (1) ① 質問は「トンレサップ湖の上や周辺には100万人以上の人々が暮らしていますか？」。第1段落の3文目を見る。Yesの答えとなる。② 質問は「カンボジアでは1年にいくつの季節がありますか？」。第2段落の3文目を見る。カンボジアには乾季と雨季の2つの季節がある。

(2) 質問は「カンボジアでは雨季は通常どれくらい続きますか？」。第2段落の5文目を見る。5月から10月までなので，約6か月間となる。

(3) 第2段落の後半を見る。「雨季には，『メコン川』の水が『トンレサップ川』を通って『トンレサップ湖』に流れ込む」。

(4) ア．「トンレサップ湖の上には店や病院がある」。第1段落の中ほどを見る。正しい。イ．第2段落の後半を見る。雨季にはメコン川の魚がトンレサップ湖に行く。ウ．「トンレサップ湖の周辺ではさまざまな植物や動物を見ることができる」。第3段落の1文目を見る。正しい。エ．第2段落の後半を見る。雨季にはメコン川の水がトンレサップ湖に流れ込むため，乾季よりも湖の水位が高くなる。第3段落の最終文に「雨季が終わると湖の水位は低くなる」とあることにも着目する。オ．最終段落の1文目を見る。深刻な問題の1つとなっているのは湖の水位である。

【答】 (1) (例) ① Yes, they do.　② There are two.　(2) ウ　(3) ① ウ　② イ　③ ア　(4) ア・ウ

◀全訳▶ トンレサップはカンボジアにある湖だ。それは東南アジア最大の湖である。100万人以上の人々がその湖上や周辺で暮らしており，そこに住む多くの人々が生計のために湖で魚をとっている。湖の上には店がある。湖の上には病院まである。人々の生活様式やその環境が独特なので，トンレサップ湖は多くの観光客が訪れたがる場所となっている。

その湖に関連した水の流れはかなり特殊である。日本には1年の中に四季があるが，カンボジアはそうではない。カンボジアの1年は2つの季節，乾季と雨季に分かれる。乾季には，湖の水がトンレサップ川を通ってメコン川に流れ込む。雨季はふつう5月から10月まで続き，この季節の間，メコン川の流れは通常，乾季の流れとは異なる。雨季にはたくさんの雨が降るので，メコン川の水量がとても増え，トンレサップ川の水がメコン川に流れ込むことができなくなる。そして，メコン川の水がトンレサップ川に流れ込み，次に湖に流れ込み

始める。何種類かの魚が水の流れとともにメコン川から湖に移動する。湖上やその周辺で暮らす人々はたくさんの魚をとることができる。

トンレサップ湖の周辺には実にさまざまな種類の植物や動物が生息している。雨季には乾季よりも湖が大きくなり，湖周辺の森が水浸しになる。水浸しになった森は多くの動物のよい生息地になる。その森は多くの植物や魚にとってもよい環境となる。雨季が終わると，湖の水がトンレサップ川を通ってメコン川に流れるため，湖の水位が低くなる。

今日，その湖の上や周辺で暮らす人々にとって，湖の水位は深刻な問題の１つとなっている。気候変動のせいで雨季の始まりが少し遅れており，湖の水量が年々減少しているように思われるのだ。水位が低くなっているため，湖の魚の数も減少している。この状況を改善するためには何らかの行動が必要である。

5 **【解き方】** 解答例は「彼女に私たちの学校生活を思い出してほしいので，私は彼女にAを贈ります」。Bを選んだ場合は「彼女は日本文化にとても興味を持っているので，私は彼女にBを贈りたい」などの文が考えられる。

【答】（例）I will give A to her because I want her to remember our school life.（15語）

国　語

1 【解き方】㈡ 理由を表す接続助詞。他は動作・作用の起点を表す格助詞。

㈢ 相手が「一緒にいる」場合に「きれいだね」というひとことで「じゅうぶんに通じている」のは，「牡丹」を取り巻く情景を「共有しているからだ」と述べていることから考える。

㈣ 直前に，「メールの文章では，個人的な内面を吐露しようとはしない」とあることから考える。

㈤「白牡丹」という言葉について，「『白』ということで，本当にその白さが伝わるのか」と疑った虚子は，「紅ほのか」という表現を用いて「白とは異なる紅色を内包しているといったほうが，かえってその奥深い白さが伝わる」と考えたのではないかと述べている。

㈥「白牡丹」という先人の言葉に疑いをもった虚子の考え方と，「蛙」と「山吹」の「強い連想関係」をそのまま信用しなかった芭蕉の考え方が，似ていることをおさえる。

㈦「蛙」と「山吹」の「強い連想関係」をそのまま信用せず，「山吹」の代わりに「古池」という語を句の中に置いたことに着目する。

【答】㈠ A. かがや(かせる)　B. 植(えて)　㈡ イ　㈢ ウ　㈣ ウ　㈤ 奥深い白さが伝わる　㈥ エ

㈦ 強い連想関係にない言葉を用いること。(同意可)　㈧ (右図)

㈨ (例) 私は，手書きの文字で伝えると，自分の思いが相手の心に強く響くと考える。メールの文章の字体は画一的であるが，手書きの文字には自分の個性も表れると思うからだ。(77字)

(例)
絵文字やスタンプ

2 【解き方】㈠ A.「学校図書館の利用者数」や「貸し出し回数の多い本」を調べていることに着目する。B.「図書委員会だより」や「校内放送」の目的を考える。

㈡ 下書きでは，「学校図書館を利用して本に触れる機会となるような行事」を開催したいとしか述べていないが，修正後は「ブックトーク」「読書会」などを開催したいとくわしく述べている。

【答】㈠ A. エ　B. ア　㈡ ア

3 【解き方】㈠「au」は「ô」と発音するので，「まう」は「もう」にする。

㈡ 同じ動詞を重ねた間に「に」を用いると，ただもう，どんどんといった意味になる。

㈢「月の窓より洩りたりし」とあることに着目する。

㈣ 月の光が衣の上に白く映っているのを見て「いみじうあはれ」と思った筆者は，「さやうなるをりぞ，人歌よむかし」と述べている。

【答】㈠ もうでて　㈡ ウ　㈢ 月の光（同意可）　㈣ エ

◀口語訳▶　九月二十日くらいのことであったが，長谷寺に参詣して，とても粗末な家に泊まったが，たいへん疲れていたので，すぐにぐっすりと寝てしまった。

夜が更けて，月の光が窓から入ってきて，他の人たちがかぶっている衣の上に，白く映っていたのを見て，たいそうしみじみとした趣きを感じた。そんな時にこそ，人は歌をよむものなのだなあ。

~MEMO~

奈良県公立高等学校
(特色選抜)
—共通問題—

2021年度
入学試験問題

※奈良県教育委員会が作成した検査問題を収録しています。この検査問題を使用して特色選抜を実施した学校は次頁の通りです。

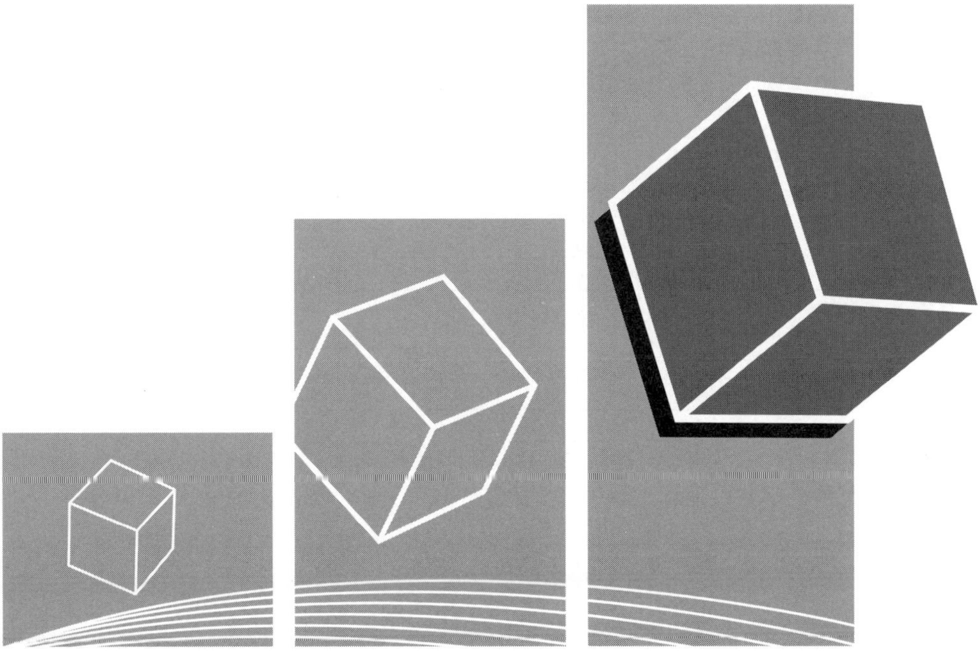

■県教委作成検査問題（共通問題）を使用した特色選抜実施校の検査科目と配点

学校名	学科・コース名	配点			
		数学	英語	国語	その他
奈良商工	機械工学　情報工学 建築工学　総合ビジネス 観光ビジネス　情報ビジネス	40	40	40	面接(60)
国　際	国際科 plus　国際	40	40	40	独自検査(50)＊4
山　辺	普通(生活文化)　生物科学	40	40	40	面接(40)
高円芸術	音楽	40	40	40	音楽(20)／実技(170)
	美術　デザイン	40	40	40	実技(150)
添　上	普通（人文探究）	40	40	40	口頭試問(30)
	スポーツサイエンス	40	40	40	面接(80)／実技(200)
二階堂	キャリアデザイン	40	40	40	面接(40)
商　業	商業	＊1	＊1	＊1	面接(60)
桜　井	普通(書芸)	40	40	40	実技(80)
	普通(英語)	40	40	40	英語(80)
五　條	普通(まなびの森)	40	40	40	口頭試問(20)／面接(20)
	商業	40	40	40	面接(40)
御所実業	環境緑地　機械工学 電気工学　都市工学 薬品科学	40	40	40	面接(90)
榛生昇陽	普通　こども・福祉	＊2	＊2	＊2	面接(60)
法隆寺国際	歴史文化	40	40	40	作文・小論文(40)
	総合英語	40	40	40	口頭試問(40)
磯城野	農業科学(食料生産／動物活用) 施設園芸(施設野菜／施設草花) バイオ技術(生物未来／食品科学) 環境デザイン(造園緑化／緑化デザイン) フードデザイン(シェフ／パティシエ) ライフデザイン ヒューマンライフ	40	40	40	面接(40)
高取国際	国際英語 国際コミュニケーション	40	40	40	口頭試問(40)
王寺工業	機械工学　電気工学 情報電子工学	40	40	40	独自問題(40)＊5
大和広陵	生涯スポーツ	40	40	40	実技(150)
奈良南	普通　情報科学 総合学科	40	40	40	面接(60)
十津川	普通(木工芸・美術)	40	40	40	面接(60)／実技(40)
	普通(ふるさと共生)	40	40	40	面接(60)
奈良市立一条	外国語〈推薦選抜〉		80		英語(120)　すべての検査を受検する必要があります。
		60	60	60	英語(60)
	普通(科学探究)	＊3	＊3	＊3	理科(80)
大和高田市立高田商業	商業	40	40	40	面接(40)

＊1：学力検査は3教科（各40点満点）の合計点を2.5倍にする。
＊2：学力検査は3教科（各40点満点）の合計点を1.5倍にする。
＊3：学力検査は3教科（各40点満点）の合計点を2倍にする。
＊4：独自問題（ライティング）が20点満点，口頭試問が30点満点。
＊5：示された立体図を基にして，この立体の展開図を解答用紙に描く。

※配点欄の「その他」は，各学校が独自に作成した問題で実施された検査科目と配点を表しています。
　これらの検査問題は本書には収録されておりません。

数学

時間　30分　　　　満点　別掲

1　次の各問いに答えよ。

(1)　次の①～⑤を計算せよ。

①　$5-7$　（　　　）

②　$2a-4b-a+8b$　（　　　）

③　$9xy^2\div 3xy$　（　　　）

④　$(x+6)^2-(x+1)(x-1)$　（　　　）

⑤　$\sqrt{40}+\sqrt{10}$　（　　　）

(2)　「1個x円の品物を2個買ったときの代金は1000円より安い」という数量の関係を表した式が，次のア～オの中に1つある。その式を選び，ア～オの記号で答えよ。（　　　）

ア　$2x\leqq 1000$　　イ　$2x<1000$　　ウ　$2x=1000$　　エ　$2x>1000$　　オ　$2x\geqq 1000$

(3)　2次方程式$x^2+6x+8=0$を解け。（　　　）

(4)　3つの数$\dfrac{\sqrt{3}}{5}$，$\dfrac{3}{\sqrt{5}}$，$\sqrt{\dfrac{3}{5}}$のうち，最も小さい数はどれか。（　　　）

(5)　図1で，4点A，B，C，Dは円Oの周上にある。$\angle x$の大きさを求めよ。（　　　）

図1

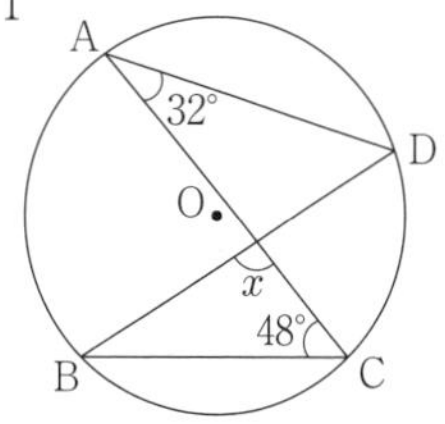

(6)　図2のような長方形ABCDの紙がある。この紙を，頂点Dが辺BCの中点に重なるように折ったときの折り目の線と，辺ADとの交点をEとする。点Eを，定規とコンパスを使って解答欄の枠内に作図せよ。なお，作図に使った線は消さずに残しておくこと。

図2

［作図］

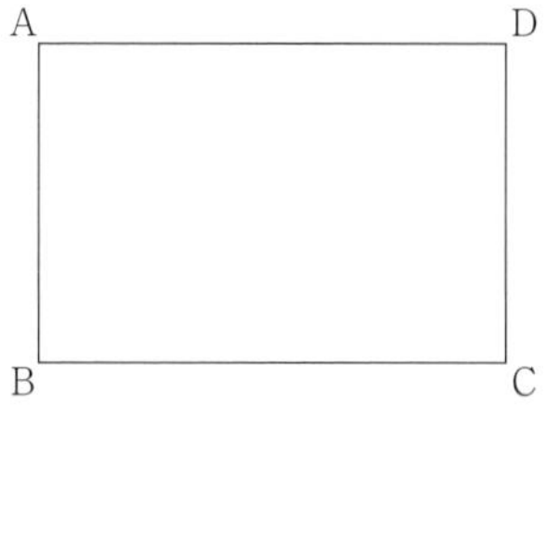

(7)　次の表は，ある中学校の3年1組の生徒10人について，読書週間に図書館から借りた本の冊数を調べ，その結果をまとめたものである。この10人の借りた本の冊数について，表から読み取ることができることがらとして適切なものを，後のア～オからすべて選び，その記号を書け。

(　　　)

冊数(冊)	0	1	2	3	4	5	6	7	8	計
人数(人)	2	1	1	0	1	0	3	1	1	10

ア　最大値は，8冊である。　　イ　平均値は，5冊である。

ウ　中央値（メジアン）は，5冊である。　　エ　最頻値（モード）は，6冊である。

オ　範囲は，9冊である。

(8)　2つのさいころA，Bを同時に投げるとき，出る目の数の和が4の倍数になる確率を求めよ。

(　　　)

2　右の図で，直線ℓは関数$y=2x$のグラフであり，曲線mは関数$y=\dfrac{a}{x}$　$(a>0)$のグラフである。直線ℓと曲線mの交点のうち，x座標が大きい方の点をAとする。原点をOとして，各問いに答えよ。

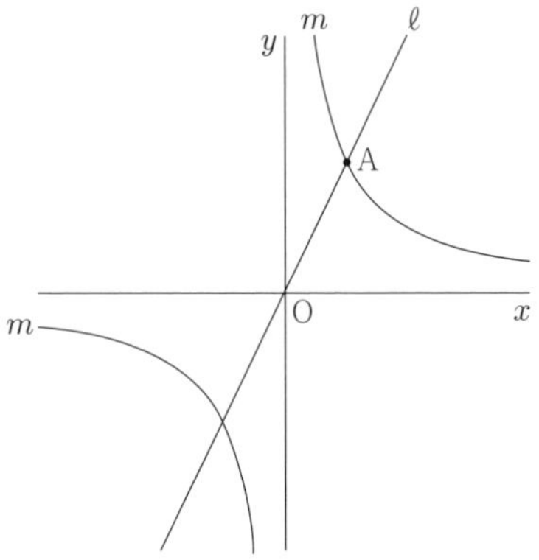

(1)　点Aのx座標が3のとき，aの値を求めよ。(　　　)

(2)　$a=9$のとき，曲線m上にあって，x座標，y座標がともに整数である点は全部で何個あるか。(　　　個)

(3)　曲線m上にx座標が6である点Bをとる。点Bを通り直線ℓに平行な直線とy軸との交点をCとする。OA：CB＝1：3となるとき，点Cのy座標を求めよ。(　　　)

3　右の図の△ABCにおいて，点Dは辺BCの中点，点Eは線分AD上の点であり，AE：ED＝1：2である。また，点Fは直線BEと辺ACとの交点であり，点Gは点Dを通り直線BFに平行な直線と辺ACとの交点である。各問いに答えよ。

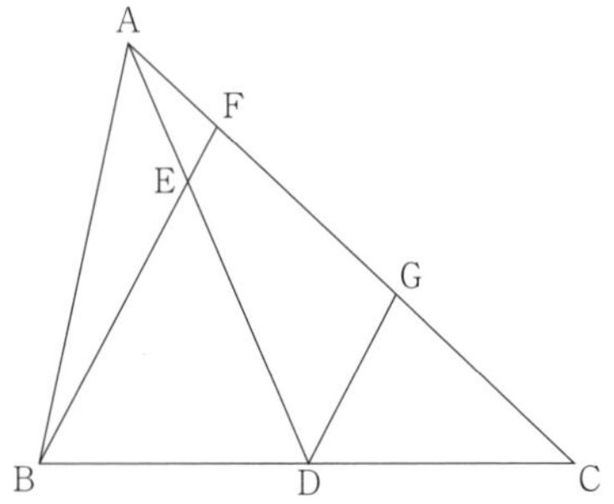

(1)　△AEF∽△ADGを証明せよ。

(　　　　　　　　　　　　)

(2)　AC＝6cmのとき，線分AFの長さを求めよ。(　　　cm)

(3)　四角形EDCFの面積は△ABCの面積の何倍か。(　　　倍)

英語

時間　30分　　　満点　別掲

（編集部注）　放送問題の放送原稿は英語の末尾に掲載しています。
音声の再生についてはもくじをご覧ください。

1　放送を聞いて，各問いに答えよ。

(1)　①～③の会話の内容についての質問に対する答えとして最も適切なものを，それぞれア～エから１つずつ選び，その記号を書け。なお，会話と質問をそれぞれ１回ずつ行う。

①(　　　)　②(　　　)　③(　　　)

①

ア

イ

ウ

エ

②

ア

イ

ウ

エ

③

ア

イ

ウ

エ

(2)　聞き取った英語の内容についての質問①，②に対する答えとして最も適切なものを，それぞれア～エから１つずつ選び，その記号を書け。なお，英語が２回流れた後，質問をそれぞれ２回ずつ行う。①(　　　)　②(　　　)

①　ア　The dishes she has cooked.
イ　The speech she made last year.
ウ　The memory of the winter vacation.
エ　The homework during the winter vacation.

②　ア　In the first class in January.　　イ　In the second class in January.
ウ　During the vacation.　　エ　In the cooking class.

2　次の英文を読んで，各問いに答えよ。

Mika and Emma are high school students. Emma came to Japan from France two weeks ago, and she goes to Mika's school. They are talking in Mika's room.

Mika:　Let's eat ice cream. There are two kinds.

Emma:　They look delicious!

Mika:　Let's do *janken*, and decide who chooses first. Do you know *janken*? In English, rock-paper-scissors.

Emma:　Oh, yes. I know it.

Mika:　OK. Rock, paper, scissors, one, two, three.

Emma:　I won!

Mika:　Wait, wait! It was a draw, Emma. Both of us chose rocks.

Emma:　Sorry, Mika. This is a well. A well beats a rock and scissors because they sink in a well.

Mika:　A well? It looks like a rock, but we don't use a well when we do *janken* in Japan.

Emma:　In my country, we sometimes use four shapes when we do rock-paper-scissors. A rock, a leaf, scissors and a well. A well looks like a rock, but it's different from a rock. We make space in the fist.

Mika:　I see. Then, what shape can beat a well?

Emma:　A leaf beats a well because leaves can cover a well.

Mika:　You use a leaf instead of a paper. So, scissors beat a leaf, right?

Emma:　Right.

Mika:　That's interesting. Just a minute, Emma. If you choose a leaf or a well, [　　　], right?

Emma:　You are so smart, Mika. Now, let's do rock-paper-scissors in the Japanese way!

（注）rock-paper-scissors：じゃんけん　rock：石　scissors：はさみ　draw：あいこ
well：井戸　beat：打ち負かす　sink：沈む　shape：形　leaf：葉　fist：拳
leaves：leaf の複数形　instead of：～の代わりに

(1)　Mika と Emma がじゃんけんをしたときにそれぞれが出した手の組み合わせとして正しいものはどれか。次のア～エから１つ選び，その記号を書け。（　　　）

ア
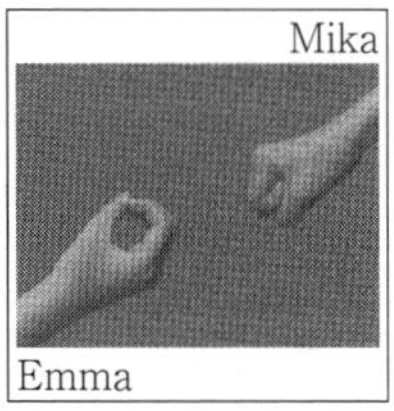

イ
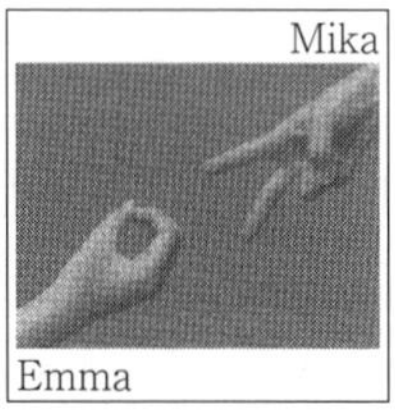

ウ
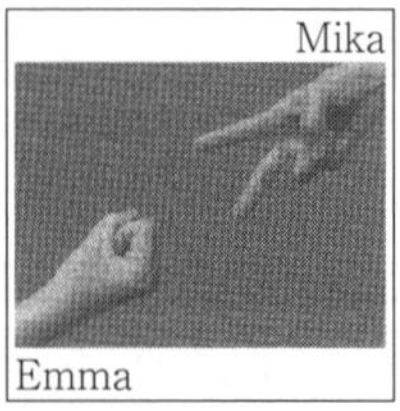

エ
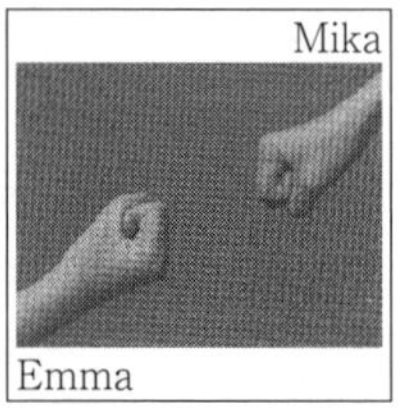

(2)　文脈に合うように，[　　　] に入る最も適切な英語を，次のア～エから１つ選び，その記号を書け。（　　　）

ア you may continue to lose　　イ we can't decide the winner
ウ you have more chances to win　　エ I should choose a rock to win

3 次の英文を読んで，各問いに答えよ。

What do you imagine when you hear the word "summer"? Some of you may think of fireworks, the sea and so on. A chorus of cicadas may be one of them. Many people may believe that cicadas live in the ground for about seven years and can live above the ground for about only seven days. Do you think this is true?

A high school student in Okayama researched cicadas' lives. When he was in elementary school, he got interested in cicadas. He caught cicadas every summer. In those days, some researchers noticed that cicadas could maybe live longer than seven days above the ground. He also believed that there were many cicadas which lived longer than seven days. When he was in high school, he started his research to know how long they could live above the ground.

His research method was very unique. In one summer, when he heard the chorus of cicadas, he began to catch them around his house. After he caught a cicada, he wrote a number on the wing of the cicada. Then, he wrote down the number and the date in his notebook and released the cicada. He continued catching and releasing cicadas every day. While he kept catching cicadas, he happened to catch cicadas which had a number on their wings. Those cicadas were already caught by him that summer. When he caught such a cicada, he wrote a different number on the wing, wrote down the number and the date in his notebook and released it again. By catching and releasing cicadas and comparing the dates in his notebook, he was able to find how long they could live above the ground.

In that summer, he caught 15 cicadas which had a number on their wings. Those cicadas were caught by him twice. Moreover, he caught four cicadas which had two different numbers on their wings. They were caught by him three times. He caught about 860 cicadas in total. He researched four kinds of cicadas around his house. He found that all of them lived longer than seven days. In addition, he found one cicada which lived for 32 days.

He started his research about cicadas with one question, and continued his efforts to get the answer to his question. He researched cicadas very hard and found new things. Every great research may start with one simple question. Our efforts to find the answer to the question will give us great chances to learn new things.

(注) imagine：想像する　firework：花火　chorus：合唱　cicada：セミ
get interested in：～に興味をもつ　in those days：当時　researcher：研究者
notice：気がつく　method：方法　unique：独特の　wing：羽　release：放つ
happen to：たまたま～する　compare：比較する　moreover：さらに　in total：合計で

(1) 岡山県の高校生が行ったセミの研究について次のようにまとめたとき，[A]，[B]，[C]に入る最も適切な英語を，上の英文中からそれぞれ1語で抜き出して書け。

A (　　　) B (　　　) C (　　　)

> When the high school student caught a cicada, he wrote a [A] on the wing of the cicada. He also wrote down the [A] and the [B] in his notebook, and released it. He sometimes caught cicadas which had a [A] on their wings. Such cicadas were caught by him [C]. By comparing the two dates in his notebook, he researched the cicadas' lives.

(2) 英文の内容について，次の問いにそれぞれ3語以上の英語で答えよ。ただし，コンマやピリオドなどは語数に含めないこと。

(a) Did the student research cicadas with some researchers?

(　　　　　　　　　　　　　　　　　　　　　　　　　　　　　　　)

(b) How many kinds of cicadas did the student research?

(　　　　　　　　　　　　　　　　　　　　　　　　　　　　　　　)

(3) 下線部の具体的な内容を表す最も適切な英語を，次のア～エから1つ選び，その記号を書け。

(　　　)

ア "How long can cicadas live above the ground?"

イ "How many cicadas can I catch in one summer?"

ウ "How far can cicadas fly from my house?"

エ "How do cicadas communicate with each other?"

(4) 英文の内容と合っているものを，次のア～オから2つ選び，その記号を書け。

(　　　)(　　　)

ア The student researched cicadas with a very unique method.

イ The student caught many cicadas and took care of them in his house.

ウ The student found a new kind of cicada around his house through his research.

エ The student found that all cicadas he caught lived longer than seven days.

オ The student learned a new thing by having a question and looking for the answer to it.

4 次の英文は，オーストラリアに住むMikeが日本に住むTakeshiに送った電子メールの一部である。英文を読んで，各問いに答えよ。

In my town, we will have “Japan Day” soon. Many people enjoy Japanese culture on this day. This event is held every year, and this will be the fifth “Japan Day”. Students in my high school join it as volunteers. This year, classmates from my Japanese class and I are planning to cook a Japanese dish for visitors. What is the best Japanese dish that we can cook for “Japan Day”?

(1) 英文の内容を表しているものを，次のア～エから１つ選び，その記号を書け。(　　　)

ア “Japan Day” に参加する際の注意点と申し込み方法の確認

イ Mikeの学校の生徒が昨年行ったボランティア活動の報告

ウ “Japan Day” の紹介とそこでMikeたちが作る日本食についての相談

エ Mikeの学校の紹介と “Japan Day” で行われる日本語の授業についての計画

(2) あなたがTakeshiなら，Mikeにどのように返信するか。下の文に続けて，15語程度の英語で書け。ただし，１文または２文で書き，コンマやピリオドなどは語数に含めないこと。なお，日本独特のものの名前は，ローマ字で書いてよい。

Thank you for your e-mail. I will answer your question.

(　　　　　　　　　　　　　　　　　　　　　　　　　　　　　　　　)

〈放送原稿〉

(チャイム)

これから，2021年度奈良県公立高等学校入学者特色選抜学力検査問題，英語の聞き取り検査を行います。放送中に問題用紙の空いているところに，メモを取ってもかまいません。

それでは，問題用紙の1を見なさい。1には，(1)，(2)の2つの問題があります。

まず，(1)を見なさい。

(1)では，①～③の3つの会話を行います。それぞれの会話の後で会話の内容について質問を1つずつします。質問に対する答えとして最も適切なものを，それぞれ問題用紙のア～エのうちから1つずつ選び，その記号を書きなさい。なお，会話と質問はそれぞれ1回ずつ行います。

それでは，始めます。

① *Boy:*　Look at this picture.
Girl:　So cute. Are those your pets?
Boy:　Yes.

質問　Which picture are they looking at?

――（この間約3秒）――

② *Clerk:*　May I help you?
Man:　Yes. Can I have a sandwich and a cup of soup?
Clerk:　Sure. Do you want anything else?
Man:　Let's see. I'll have a salad, too.

質問　What is the man going to have?

――（この間約3秒）――

③ *Tom:*　I got a new video game. Can you come to my house and play it together today, Lisa?
Lisa:　Sounds good...but sorry, I can't. I'm going to practice the piano.
Tom:　OK. How about tomorrow?
Lisa:　I will clean my room tomorrow morning. So, I can visit your house after lunch.

質問　What is Lisa going to do today?

――（この間約3秒）――

次に，(2)に移ります。

(2)では，2学期最後の英語の授業で，担当の先生がクラスの生徒に話している英語が2回流れます。その後で，その内容について2つ質問をします。質問に対する答えとして最も適切なものを，それぞれ問題用紙のア～エのうちから1つずつ選び，その記号を書きなさい。

それでは，始めます。

After the winter vacation, you are going to make a short English speech in front of your classmates about something you want to try next year. So, please get ready for your speech during the winter vacation. I will tell you about important things for your speech.

In your speech, you need to tell us why you want to try it. So, please think of a reason.

Then, write your speech in your notebook. Please bring it to the first class in January. I will check your speeches and give you some advice.

Now, I will show you an example of a speech. Please listen.

Hello, everyone. I will try cooking this year. I want to make my family happy with the dishes I cook. So, I will ask my friend to teach me how to cook. Thank you.

Please make a speech like this. You are going to make a speech in front of your classmates in the second class in January. I'm looking forward to listening to your speeches.

──(この間約3秒)──

繰り返します。(繰り返し)

──(この間約3秒)──

それでは，質問をそれぞれ2回ずつ行います。

質問① What is the teacher talking about?

What is the teacher talking about?

──(この間約3秒)──

質問② When are the students going to make their speeches in front of their classmates?

When are the students going to make their speeches in front of their classmates?

──(この間約3秒)──

これで，英語の聞き取り検査の放送を終わります。次の問題に進んでよろしい。

ウ　明日の午後、お客様が家に来られる予定だ。
エ　その質問になら、誰もが答えられるはずだ。

(二)　――線②に見られる表現上の特徴として最も適切なものを、次のア～エから一つ選び、その記号を書け。（　　）

ア　語順を入れ替えて、驚きの気持ちを強調して伝えている。
イ　直喩を用いて、内容を具体的にイメージしやすくしている。
ウ　前後の文と文末の形を変え、読み手の注意を引いている。
エ　意味が対になるように言葉を並べ、文章にリズムを生んでいる。

(三)　次の□内は、この新聞広告と同じテーマで作成されたラジオ広告の台本である。二つの広告を比較してあなたが思ったり考えたりしたことを、理由を含めて八十字以内で書け。
なお、新聞広告はA、ラジオ広告の台本はBと書いてよい。

ナレーション　現代版「おむすびころりん」
　おじいさんが山でお昼を食べていると……
おじいさん　あっ！
ナレーション　食べきれないおむすびを落としてしまったそうな。
歌　おむすび　ころりん　すっとんとん♪
おじいさん　待て、待て待て。え？　待て待て！
歌　合わせて　ころりん……♪　一億個♪
おじいさん　いちお……く……？
ナレーション　日本では、今日も一人につき、おむすび一個分、合わせて一億個分以上の食べ物が捨てられています。
おじいさん　もったいない……
ナレーション　食品ロスを、一人ひとりが考えよう。

（ACジャパンのウェブページから作成）

2 次の文章を読み、各問いに答えよ。

春①暮れて後、夏になり、夏果てて、秋の来るにはあらず。春はやがて夏の気をもよほし、夏より既に秋は通ひ、秋はすなはち寒くなり、②十月は小春の天気、草も青くなり、梅もつぼみぬ。(「徒然草」より)

(注) やがて=そのまま
つぼみぬ=つぼみをつけてしまう

(一) ═線部を現代仮名遣いに直して書け。( )

(二) ──線①とほぼ同じ意味を表している語を、文章中から抜き出して書け。( )

(三) ──線②のこの文章における季節を、漢字で書け。( )

(四) この文章において、筆者は季節をどのようなものだと考えているか。最も適切なものを、次のア～エから一つ選び、その記号を書け。( )

ア 交替する節目がはっきりとわかるもの。
イ 変化の気配が内に秘められているもの。
ウ 適切な時期がくると急に変化するもの。
エ それぞれの期間が定められているもの。

3 次の□内は、「未来のためにできること」をテーマとした新聞広告である。これを読み、各問いに答えよ。

おむすびころりん
1億個。
100 Million Rolling Rice Balls

【新聞広告の□内に書かれている文】

日本では、
まだ食べ①られるのに捨てられてしまう
食品が六四三万トンもあります。
②人口一人当たりに換算すると
一日おむすび一個以上。
国全体で、なんと一億個以上のおむすびが
食卓から転がり落ちていることになります。
自分の身近なところから、
食品ロス問題を考えよう。

(ACジャパンのウェブページから作成)

(一) ──線①と同じ意味で使われているものを、次のア～エから一つ選び、その記号を書け。( )

ア 作品のできばえを、友人に褒められる。
イ 荒天に、花火大会の開催が案じられる。

（阿久津　隆「本の読める場所を求めて」より）

（注）フォロワー＝発信された内容に興味や関心をもち賛同する人
シェアボタン＝インターネット上で意見や情報を他の人と共有するために押すボタン

(一)　□Aの片仮名を漢字で書き、□Bの漢字の読みを平仮名で書け。A（　　じて）　B（　　に）

(二)　――線①とほぼ同じ意味の語を、次のア～エから一つ選び、その記号を書け。（　　）

ア　理由　　イ　方法　　ウ　目的　　エ　役割

(三)　――線②の文は、直前の文とどのような関係でつながっているか。その関係を、次のア～エから一つ選び、その記号を書け。（　　）

ア　逆接　　イ　転換　　ウ　対比・選択　　エ　補足・説明

(四)　――線③とあるが、「いたずらにすいすいと滑る」とは、どのような様子を表しているか。最も適切なものを、次のア～エから一つ選び、その記号を書け。（　　）

ア　思いつきで開いたページにある文字だけを拾っている様子。
イ　同じ文だけをただひたすら何度も繰り返し眺めている様子。
ウ　ただ文字だけを滞ることなく無駄に追いかけている様子。
エ　時間をかけて一字一句の意味を丁寧に確かめている様子。

(五)　――線④と筆者が述べるのはなぜか。その理由を五十字以内で書け。

(六)　この文章で「読書」は何にたとえられているか。文章中から一語で抜き出して書け。（　　）

(七)　この文章の述べ方の特色として最も適切なものを、次のア～エから一つ選び、その記号を書け。（　　）

ア　短い文を効果的に用いて文章にリズムを生み、筆者の考えを印象づけるように述べている。
イ　漢語を用いて文章全体を格調高いものとし、筆者の主張を権威づけるように述べている。
ウ　他者の論を引用して文章の内容を補強し、筆者の論に読み手が納得できるように述べている。
エ　問いかける表現を用いて文章を書きはじめ、筆者の意見に関心を高めさせるように述べている。

(八)　＝＝線部を全体の調和を考え、楷書で、一行で丁寧に書け。

（　　）

国語

時間　三〇分
満点　別掲

1　次の文章を読み、各問いに答えよ。

本を読んでいる人の姿は美しい。

両手のひらを天に向け、背を丸め、こうべを垂れる。それはほとんど祈りの姿勢のようだ。

じっと身じろぎもせず、目だけが絶えず動いている。目と、それから頭の中。

彼らは本を読んでいる。

一心不乱に文字を追っている。いや、そう見えるだけで一心不乱でもないのかもしれない。心は千々に乱れ、思考はあちらに行ってこちらに行って散り散りになりながら、しがみつくようにして読んでいるのかもしれない。いずれにしても一歩一歩、彼らは本の世界の中を進んでいく。

頼りになるのは自分しかいない。とにもかくにも自分で歩を進めなければどこにも向かえない。疲れたといって目をAトじて、十秒の時間を置く。そして目を開ける。その十秒で、しかし残酷なことに物語は進んでいない。景色は以前と何も変わらない。再び腰を上げて、印刷された文字の上をぺたぺたと踏みしめていくほか前に進む①すべはない。

旅をともにしてくれる仲間はいない。一緒に行こうぜと励ましてくれる友人も横にはいないし、「いいね！」と後押ししてくれるフォロワーもそこにはいない。

たった今自分が味わっている喜びあるいは怒りあるいは悲しみ等々を誰かと共有しようとシェアボタンを探してもあいにくそれは見つからない。

それに、見ず知らずの赤の他人がつくりあげたその世界に同調できるとはまるで限らない。そこで示される考え方や言葉や行為は自分の価値観とはまったく相容《あいい》れないかもしれない。途中でやめてしまおうか。あるいはもう少し付き合おうか。すべての判断が委ねられている。②自分と本しかそこには存在しない。

ときに退屈に陥って這《は》いつくばりながら、ときに並ぶ文字がまったく意味をなさなくなって③いたずらにすいすいと滑りながら、ときに傷つき、へとへとに疲弊しながら、ときに大いなる喜びの中で踊るようにステップを踏みながら、いずれにしてもたったひとりで進んでいく。

ほんのちょっとだけでもこれまで知らなかった世界のありようを覗《のぞ》けないかという好奇心、もうちょっとだけでも自分のこの生をよりよいものにできないだろうかという望み、あとちょっとだけでも遠くまで飛ぶことができないだろうかという願い、そんなものだけを頼りにして進んでいく。

ひとり静かに本を読んでいる。そんな人たちを僕は美しく思う。

④ちょっと言いすぎた。ちょっと格好をつけすぎた。

僕は、ただ、読書が楽しい、読書が好き、読書が趣味、それだけだ。食べるのと同じように、しないでは気が済まない、満たされない。気づきや学びや成長とかのことはよく知らない。楽しければいい。読書は楽しければ楽しいほどいい。なぜなら読書は僕にとってせねばならぬ課業ではなく、B愉快に生きていくために必要な、代わりのきかない、単純に大好きな、趣味だから。大好きな趣味は、もっと楽しく、うれしく、豊かに、おこなわれたい。

そしてまた、そんな人たちのことが好きだ。親近感を覚える。読書を楽しんでいる人の姿は、とてもいい。

2021年度／解答

数　学

1 【解き方】(1) ② 与式 $= 2a - a - 4b + 8b = a + 4b$　③ 与式 $= \dfrac{9xy^2}{3xy} = 3y$　④ 与式 $= x^2 + 12x + 36 - (x^2 - 1) = x^2 + 12x + 36 - x^2 + 1 = 12x + 37$　⑤ 与式 $= 2\sqrt{10} + \sqrt{10} = 3\sqrt{10}$

(2) 1個 x 円の品物を2個買ったときの代金は，$x \times 2 = 2x$ (円)　これが1000円より安いことから，$2x < 1000$ となる。

(3) 左辺を因数分解して，$(x + 4)(x + 2) = 0$　よって，$x = -4,\ -2$

(4) $\dfrac{\sqrt{3}}{5} = \sqrt{\dfrac{3}{25}}$，$\dfrac{3}{\sqrt{5}} = \sqrt{\dfrac{9}{5}}$ で，$\dfrac{3}{25} < \dfrac{3}{5} < \dfrac{9}{5}$ だから，$\sqrt{\dfrac{3}{25}} < \sqrt{\dfrac{3}{5}} < \sqrt{\dfrac{9}{5}}$　つまり，$\dfrac{\sqrt{3}}{5} < \sqrt{\dfrac{3}{5}} < \dfrac{3}{\sqrt{5}}$ だから，最も小さい数は $\dfrac{\sqrt{3}}{5}$。

(5) $\overset{\frown}{\mathrm{CD}}$ に対する円周角だから，$\angle\mathrm{CBD} = \angle\mathrm{CAD} = 32^\circ$　よって，$\angle x = 180^\circ - (48^\circ + 32^\circ) = 100^\circ$

(6) 辺BCの中点と頂点Dを結ぶ線分の垂直二等分線が折り目の線となる。

(例)

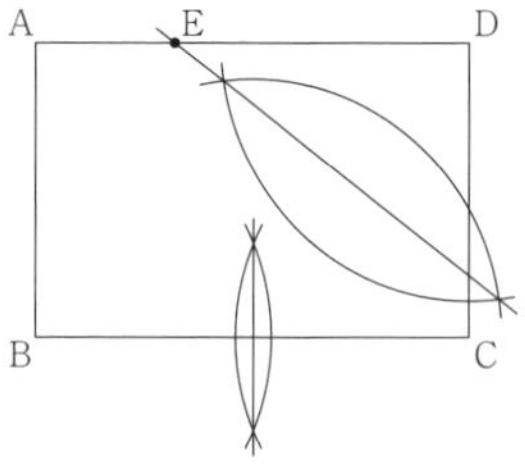

(7) イ…冊数の合計は，$1 \times 1 + 2 \times 1 + 4 \times 1 + 6 \times 3 + 7 \times 1 + 8 \times 1 = 40$ (冊)だから，平均値は，$\dfrac{40}{10} = 4$ (冊)　ウ…中央値は冊数の少ない方から5番目と6番目の値の平均となる。5番目の値は4冊，6番目の値は6冊だから，中央値は，$\dfrac{4 + 6}{2} = 5$ (冊)　エ…度数が最も多いのは6冊の3人だから，最頻値は6冊。オ…最大値は8冊，最小値は0冊だから，範囲は，$8 - 0 = 8$ (冊)

(8) 2つのさいころの目の出方は全部で，$6 \times 6 = 36$ (通り)　このうち，出る目の数の和が4の倍数になるのは，(A，B) = (1，3)，(2，2)，(2，6)，(3，1)，(3，5)，(4，4)，(5，3)，(6，2)，(6，6)の9通り。よって，求める確率は，$\dfrac{9}{36} = \dfrac{1}{4}$

【答】(1) ① -2　② $a + 4b$　③ $3y$　④ $12x + 37$　⑤ $3\sqrt{10}$　(2) イ　(3) $x = -4$，$x = -2$　(4) $\dfrac{\sqrt{3}}{5}$

(5) 100°　(6) (前図)　(7) ア，ウ，エ　(8) $\dfrac{1}{4}$

2 【解き方】(1) $y = 2x$ に $x = 3$ を代入して，$y = 2 \times 3 = 6$ より，A (3，6)　$y = \dfrac{a}{x}$ に点Aの座標を代入して，$6 = \dfrac{a}{3}$ より，$a = 18$

(2) (－9，－1)，(－3，－3)，(－1，－9)，(1，9)，(3，3)，(9，1)の6個。

(3) 右図のように，直線BAとy軸との交点をDとし，点A，Bからx軸にそれぞれ垂線AH，BIをひく。OA∥CBより，DA：DB＝OA：CB＝1：3　DO∥AH∥BIより，OH：OI＝DA：DB＝1：3だから，OH：6＝1：3　よって，OH＝2だから，点Aのx座標は2で，$y=2x$に$x=2$を代入して，$y=2\times 2=4$より，A(2，4)　$y=\dfrac{a}{x}$に点Aの座標を代入して，$4=\dfrac{a}{2}$だから，$a=8$　$y=\dfrac{8}{x}$に$x=6$を代入して，$y=\dfrac{8}{6}=\dfrac{4}{3}$より，$\mathrm{B}\left(6,\ \dfrac{4}{3}\right)$　直線OAは傾きが，$\dfrac{4}{2}=2$だから，直線BCの式を$y=2x+b$とおいて点Bの座標を代入すると，$\dfrac{4}{3}=2\times 6+b$より，$b=-\dfrac{32}{3}$　したがって，点Cのy座標は$-\dfrac{32}{3}$。

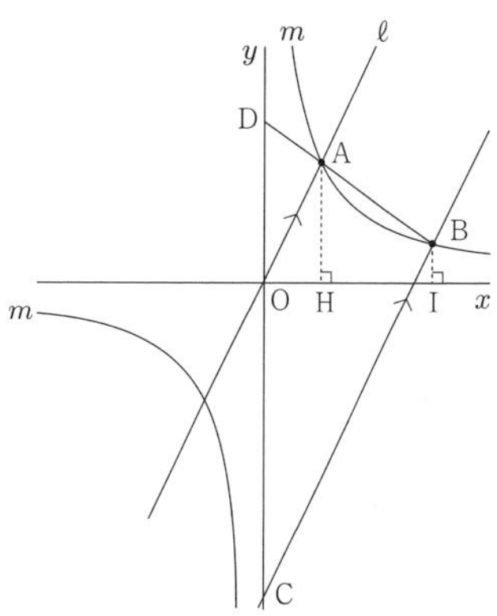

【答】(1) 18　(2) 6 (個)　(3) $-\dfrac{32}{3}$

3 【解き方】(2) AF＝$a$cmとする。EF∥DGより，AF：FG＝AE：ED＝1：2だから，FG＝2AF＝$2a$(cm)　また，点Dは辺BCの中点だから，CG：GF＝CD：DB＝1：1　したがって，CG＝GF＝$2a$(cm)　AC＝AF＋FG＋GC＝$a+2a+2a=5a$(cm)で，この長さが6cmだから，$5a=6$より，$a=\dfrac{6}{5}$

(3) (2)より，AF：FC＝a：$(2a+2a)$＝1：4だから，△FBC＝△ABC×$\dfrac{4}{1+4}=\dfrac{4}{5}$△ABC　また，点Dは辺BCの中点だから，△ABD＝$\dfrac{1}{2}$△ABC　AE：ED＝1：2より，△EBD＝△ABD×$\dfrac{2}{1+2}=\dfrac{1}{2}$△ABC×$\dfrac{2}{3}=\dfrac{1}{3}$△ABC　よって，四角形EDCF＝△FBC－△EBD＝$\dfrac{4}{5}$△ABC－$\dfrac{1}{3}$△ABC＝$\dfrac{7}{15}$△ABCだから，$\dfrac{7}{15}$倍。

【答】(1) △AEFと△ADGにおいて，共通の角より，∠EAF＝∠DAG……㋐　EF∥DGより，同位角は等しいから，∠AEF＝∠ADG……㋑　㋐，㋑より，2組の角がそれぞれ等しいから，△AEF∽△ADG

(2) $\dfrac{6}{5}$ (cm)　(3) $\dfrac{7}{15}$ (倍)

英　語

1 【解き方】(1) ①「あれらはあなたのペットですか？」に対して，少年が「はい」と答えていることから，複数のペットがいる写真が適切。② 男性はサンドイッチとスープとサラダを注文している。③ リサは今日ピアノを練習するつもりだと言っている。

(2) ① 先生は冬休み中にスピーチの準備をするという宿題について話している。② 生徒たちは１月の２度目の授業でスピーチをする予定である。

【答】(1) ① エ　② エ　③ イ　(2) ① エ　② イ

◀全訳▶　(1)

①

少年：この写真を見て。

少女：とてもかわいいわ。あれらはあなたのペットなの？

少年：そうだよ。

質問：彼らはどの写真を見ていますか？

②

店員：お伺いしましょうか？

男性：はい。サンドイッチとスープをもらえますか？

店員：かしこまりました。何か他にいかがですか？

男性：そうですね。サラダももらいます。

質問：男性は何を食べるつもりですか？

③

トム：ぼくは新しいテレビゲームを手に入れたよ。きみは今日ぼくの家に来て，いっしょにゲームをすることができる，リサ？

リサ：いいわね…，でもごめんなさい，私はできないわ。私はピアノを練習するつもりなの。

トム：わかったよ。明日はどう？

リサ：私は明日の朝，部屋を掃除するの。だから，私は昼食後にあなたの家を訪れることができるわ。

質問：リサは今日何をするつもりですか？

(2) 冬休み後に，あなたたちは来年やってみたいことについてクラスメートの前で短い英語のスピーチをする予定です。だから冬休み中にスピーチの準備をしてください。私はスピーチに大切なことについて話します。

スピーチの中で，あなたはなぜそれをやってみたいのかを私たちに話す必要があります。だから理由を考えてください。それからノートにスピーチを書いてください。それを１月の最初の授業に持ってきてください。私がスピーチをチェックして，あなたたちにアドバイスを与えます。

今から私はあなたたちにスピーチの例を示します。聞いてください。

こんにちは，みなさん。私は今年料理をしてみます。私は私が作った料理で家族を幸せにしたいです。だから私は友だちに料理の仕方を教えてくれるよう頼みます。ありがとうございます。

このようにスピーチを作ってください。あなたたちは１月の２度目の授業でクラスメートの前でスピーチをする予定です。私はあなたたちのスピーチを聞くのを楽しみにしています。

質問① 先生は何について話をしていますか？

質問② 生徒たちはいつクラスメートの前でスピーチをする予定ですか？

2 【解き方】(1) ミカとエマの４つ目と５つ目のせりふを見る。ミカは石を，エマは井戸を出した。井戸は拳の中に空間を作った形である。

(2) エマの４つ目と６つ目のせりふから，井戸は石とはさみに勝ち，葉に負けるとわかる。エマの６つ目とミカの7つ目のせりふから，葉は井戸と石に勝ち，はさみに負けるとわかる。これらのことから，井戸と葉は4種類の形のうちそれぞれ2種類の形に勝ち，1種類の形に負け，1種類の形とあいこになるので，勝つ可能性が高い。よって「もしあなたが葉か井戸を選べば」に続くのは，「勝つ機会が増える」が適切。

【答】(1) ア　(2) ウ

◀全訳▶　ミカとエマは高校生です。エマは2週間前にフランスから日本に来て，ミカの学校に通っています。彼女たちはミカの部屋で話をしています。

ミカ：アイスクリームを食べましょう。2種類あるのよ。

エマ：おいしそうね！

ミカ：じゃんけんをして，だれが最初に選ぶか決めましょう。あなたはじゃんけんを知っている？　英語では rock-paper-scissors よ。

エマ：ああ，そうね。私はそれを知っているわ。

ミカ：いくわよ。じゃんけんぽん。

エマ：勝った！

ミカ：待って，待って！　あいこよ，エマ。私たち2人とも石を選んだわ。

エマ：ごめん，ミカ。これは井戸よ。石とはさみは井戸に沈むから，井戸はそれらを打ち負かすの。

ミカ：井戸？　それは石のように見えるけれど，私たちは日本でじゃんけんをするとき，井戸は使わないわ。

エマ：私の国ではじゃんけんをするとき，ときどき4つの形を使うのよ。石，葉，はさみ，そして井戸。井戸は石のように見えるけれど，それは石とは異なるの。私たちは拳の中に空間を作るのよ。

ミカ：なるほど。それなら，何の形が井戸を負かすことができるの？

エマ：葉は井戸を覆うから，葉が井戸を打ち負かすのよ。

ミカ：あなたは紙の代わりに葉を使うのね。それで，はさみは葉を打ち負かすのね？

エマ：その通り。

ミカ：それはおもしろいわ。ちょっと待って，エマ。もしあなたが葉か井戸を選べば，勝つ機会が増えるのね？

エマ：あなたはとても賢いわ，ミカ。さあ，日本のやり方でじゃんけんをしましょう！

3 **【解き方】**(1) A．第3段落の3文目を見る。「その高校生はセミを捕まえたとき，セミの羽の上に『数字』を書いた」。B．第3段落の4文目を見る。「彼はノートに数字と『日付』を書き留め，そしてそれ（セミ）を放った」。C．第4段落の1・2文目を見る。「そのような（羽に数字のついた）セミは『2度』彼によって捕まえられた」。

(2) (a) 質問は「生徒は何人かの研究者といっしょにセミを研究しましたか？」。彼は1人で研究をしたので，No で答える。(b) 質問は「生徒は何種類のセミを研究しましたか？」。第4段落の6文目を見る。彼は4種類のセミを研究した。

(3) 下線部は，生徒がセミについて研究を始めるきっかけとなった疑問を指す。第2段落の最後の文を見る。「セミはどれくらい長く地上で生きることができるか？」が適切。

(4) ア．「生徒はとても独特な方法でセミを研究した」。第3段落の冒頭を見る。正しい。イ．第3段落の前半を見る。彼は家でセミの世話をしたのではなく，セミを捕まえ放つことを続けた。ウ．第4段落の後半を見る。彼は新しい種類のセミを発見したのではなく，1種類のセミについて研究した。エ．第4段落の後半を見る。彼は捕まえたセミのすべてではなく，4種類のセミのすべてが7日より長く生きたことを発見した。オ．「生徒は疑問を持ち，それに対する答えを探すことによって新しいことを学んだ」。最後の段落を見る。正しい。

【答】(1) A．number　B．date　C．twice　(2)（例）(a) No, he did not.　(b) Four kinds of them.　(3) ア
(4) ア・オ

◀全訳▶「夏」という単語を聞いて，あなたは何を想像しますか？　あなたたちの何人かは花火，海などを思い浮かべるかもしれません。セミの合唱がそれらの1つかもしれません。多くの人はセミが約7年間地中で生き，

そしてたった7日間地上で生きることができると信じているかもしれません。あなたはこれが本当だと思いますか？

岡山のある高校生がセミの生涯を研究しました。彼は小学校のとき，セミに興味をもちました。彼は毎年セミを捕まえました。当時，セミは地上で7日より長く生きることができるかもしれないと気づいている研究者もいました。彼もまた7日より長く生きるセミが多くいると信じていました。彼は高校生のとき，それらが地上でどれくらい長く生きるのか知るために研究を始めました。

彼の研究方法はとても独特でした。ある夏，彼がセミの合唱を聞いたとき，家のまわりでそれらを捕まえ始めました。彼はセミを捕まえたあと，セミの羽に数字を書きました。それから，彼はその数字と日付をノートに書き留め，セミを放ちました。彼はセミを捕まえ，放つことを毎日続けました。彼がセミを捕まえ続けている間，彼はたまたま羽に数字のついたセミを捕まえました。それらのセミはこの夏すでに彼によって捕まえられていました。彼はそのようなセミを捕まえたとき，羽に別の数字を書き，ノートにその数字と日付を書き留め，そして再び放ちました。セミを捕まえ放ち，ノートの日付と比較することで，彼はそれらが地上でどれくらい長く生きるか発見することができました。

その夏，彼は羽に数字のあるセミを15匹捕まえました。それらのセミは2度彼によって捕まえられました。さらに，彼は羽に2つの異なる数字のついたセミを4匹捕まえました。それらは3度彼によって捕まえられたのです。彼は合計で860匹のセミを捕まえました。彼は家のまわりの4種類のセミを研究しました。彼はそれらのすべてが7日より長く生きたことを発見しました。加えて，彼は32日間生きたセミを発見しました。

彼は1つの疑問でセミについて研究を始め，疑問に対する答えを得るために努力を続けました。彼はセミをとても一生懸命に研究し，新しいことを発見しました。どんな偉大な研究も1つの単純な疑問で始まるのかもしれません。疑問に対する答えを発見する私たちの努力は，新しいことを学ぶ大きな機会を私たちに与えてくれるでしょう。

4 **【解き方】** (1) メールの前半で「ジャパンデー」がどのようなものかを紹介し，後半で「ジャパンデー」で日本料理を作ることを計画しているマイクがタケシに料理の相談をしている。

(2) 質問は「『ジャパンデー』に私たちが作ることができる最もよい日本料理は何ですか？」。解答例は「あなたたちは『ジャパンデー』に焼き鳥を作ることができます。それは日本を訪れる人に人気があります」。

【答】 (1) ウ

(2) (例) You can cook *yakitori* on “Japan Day”. It is popular among people who visit Japan. (15語)

◀全訳▶　私の町では，まもなく「ジャパンデー」があります。多くの人がこの日に日本文化を楽しみます。このイベントは毎年行われていて，今回が5回目の「ジャパンデー」です。私の高校の生徒はボランティアとして，それに参加します。今年，日本語の授業からクラスメートと私が訪問者に日本料理を作る計画をしています。「ジャパンデー」に私たちが作ることができる最もよい日本料理は何ですか？

国　語

1 **【解き方】** ㈡「すべ」は「術」と書き，やり方，方法という意味。

㈢「読書」は，自分に「すべての判断が委ねられている」ことについて，さらに「自分と本しかそこには存在しない」と説明している。

㈣ 直前に「並ぶ文字がまったく意味をなさなくなって」とあるので，内容を理解せず読み流しているような状態。

㈤「好奇心」「望み」「願い」を頼りに本を読み進めると述べたことに反して，「僕は，ただ，読書が楽しい…読書が趣味，それだけだ」「気づきや学びや成長とかのことはよく知らない。楽しければいい」と述べていることから考える。

㈥ 読書では「頼りになるのは自分しかいない」ことを，「仲間」「友人」「フォロワー」もいないとたとえているところに着目する。

㈦「本を読んでいる人の姿は美しい」という簡潔な文から始まり，読書に対する筆者の考えを易しい言い回しで述べている。

㈧ 漢字の点画をつなげたり省略したりせず，全体のバランスを意識して書く。

【答】 ㈠ A. 閉(じて)　B. ゆかい(に)　㈡ イ　㈢ エ　㈣ ウ

㈤ 読書を，何かを求めて行うもののように述べてきたが，実際の自分はただ趣味として行っているだけだから。(49字) (同意可)

㈥ 旅　㈦ ア　㈧ (右図)

(例)
読書を楽しんでいる人の姿

2 **【解き方】** ㈠ 語頭以外の「は・ひ・ふ・へ・ほ」は「わ・い・う・え・お」にする。

㈡ ここでの「暮れて」は，季節が終わるという意味であることをふまえて探す。「暮れて」の「て」は助詞なので，動詞のみを抜き出すよう気をつける。

㈢「夏より既に秋は通ひ，秋はすなはち寒くなり」から続いているので，その次に訪れる季節を述べている。

㈣「春暮れて後，夏になり，夏果てて，秋の来るにはあらず」と述べているので，季節ははっきりとした区切りのあるものではなく，「春は…夏の気をもよほし」といった考え方をしている。

【答】 ㈠ もよおし　㈡ 果て　㈢ 冬　㈣ イ

◀口語訳▶ 春が終わった後で，夏になり，夏が終わって，秋が来るのではない。春はそのまま夏の気配をもたらし，夏から既に秋は来ており，秋はすぐに寒くなり，十月には小春日和になり，草も青くなり，梅もつぼみをつけはじめる。

3 **【解き方】** ㈠ 可能を表す。アは受身，イは自然とそう思われるという自発，ウは尊敬を表している。

㈡ 文末が「あります」「なります」「考えよう」となっているなか，一文のみ「一個以上」と体言止めが用いられている。

【答】 ㈠ エ　㈡ ウ

㈢ (例) 一億という数を，B は音声で伝えているが，A は活字とともに，たくさんのおむすびの絵で表しているので，多くの食品が捨てられていることがより伝わりやすいと思った。(78字)

~MEMO~

奈良県公立高等学校
(特色選抜)
―共通問題―

2020年度
入学試験問題

※奈良県教育委員会が作成した検査問題を収録しています。この検査問題を使用して特色選抜を実施した学校は次頁の通りです。

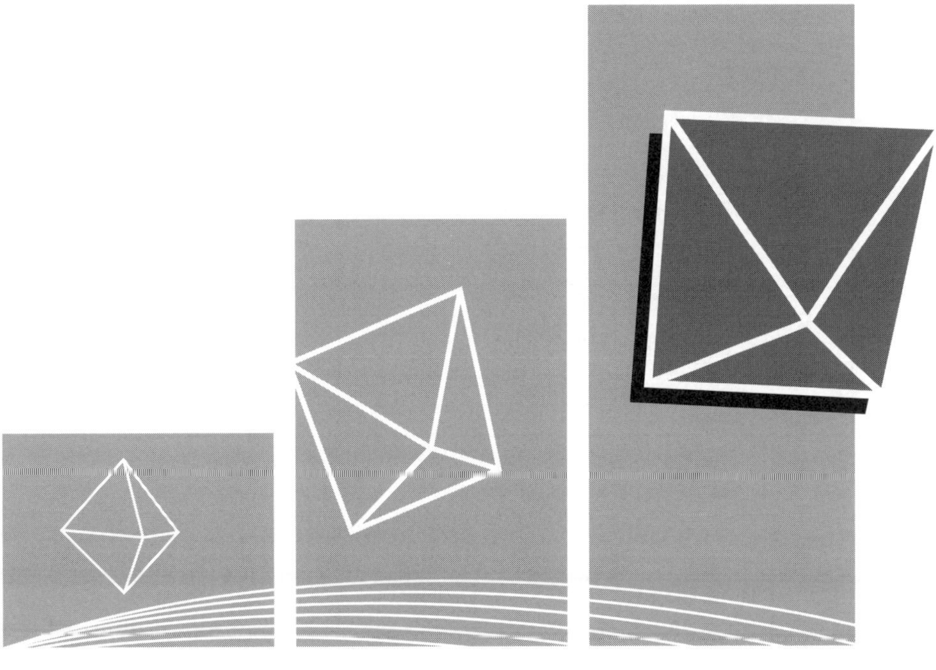

■県教委作成検査問題（共通問題）を使用した特色選抜実施校の検査科目と配点

学校名	学科・コース名	配点			
		数学	英語	国語	その他
奈良朱雀	機械工学　情報工学 建築工学　総合ビジネス 観光ビジネス　情報ビジネス	40	40	40	面接(60)
国際	国際科 plus	40	40	40	独自検査(50)＊4／面接(30)
西の京	普通(地域創生)	40	40	40	面接(40)
高円	音楽	40	40	40	音楽(20)／実技(170)
	美術　デザイン	40	40	40	実技(150)
山辺	普通(生活文化)　生物科学	40	40	40	面接(40)
添上	スポーツサイエンス	40	40	40	面接(80)／実技(200)
二階堂	キャリアデザイン	40	40	40	面接(40)
奈良情報商業	商業	＊1	＊1	＊1	面接(60)
桜井	普通(書芸)	40	40	40	実技(80)
	普通(英語)	40	40	40	英語(80)
五條	普通(まなびの森)	40	40	40	口頭試問(20)／面接(20)
	商業	40	40	40	面接(40)
御所実業	環境緑地　機械工学 電気工学　都市工学 薬品科学	40	40	40	面接(90)
大宇陀	普通(ライフクリエイト)	＊2	＊2	＊2	面接(60)
榛生昇陽	こども・福祉	＊2	＊2	＊2	面接(60)
法隆寺国際	歴史文化	40	40	40	作文・小論文(40)
	総合英語	40	40	40	口頭試問(40)
磯城野	農業科学(食料生産／動物活用) 施設園芸(施設野菜／施設草花) バイオ技術(生物未来／食品科学) 環境デザイン(造園緑化／緑化デザイン) フードデザイン(シェフ／パティシエ) ライフデザイン ヒューマンライフ	40	40	40	面接(40)
高取国際	国際英語 国際コミュニケーション	40	40	40	口頭試問(40)
王寺工業	機械工学　電気工学 情報電子工学	40	40	40	独自問題(40)＊5
大和広陵	生涯スポーツ	40	40	40	実技(150)
大淀	普通(看護・医療)	40	40	40	面接(40)
吉野	農業・工業	40	40	40	面接(80)
十津川	普通(木工芸・美術)	40	40	40	面接(60)／実技(40)
	普通(ふるさと共生)	40	40	40	面接(60)
奈良市立一条	外国語〈推薦選抜〉		80		英語(120)　すべての検査を受検する必要があります。
		60	60	60	英語(60)
	普通(科学探究)	＊3	＊3	＊3	理科(80)
大和高田市立高田商業	商業	40	40	40	面接(40)

＊1：学力検査は3教科（各40点満点）の合計点を2.5倍にする。
＊2：学力検査は3教科（各40点満点）の合計点を1.5倍にする。
＊3：学力検査は3教科（各40点満点）の合計点を2倍にする。
＊4：独自問題（ライティング）が20点満点，口頭試問が30点満点。
＊5：示された立体図を基にして，この立体の展開図を解答用紙に描く。

※配点欄の「その他」は，各学校が独自に作成した問題で実施された検査科目と配点を表しています。
　これらの検査問題は本書には収録されておりません。

数学

時間　30分　　　満点　別掲

1　次の各問いに答えよ。

(1)　次の①～⑤を計算せよ。

①　$2 \times (-5)$　(　　　)

②　$4a + 1 + 2(a - 2)$　(　　　)

③　$8x^3y \div 2xy^2$　(　　　)

④　$(x - 3)^2 + (x + 1)(x - 3)$　(　　　)

⑤　$4\sqrt{7} - \sqrt{28}$　(　　　)

(2)　2次方程式 $x^2 + x - 12 = 0$ を解け。(　　　)

(3)　図1で，$\ell /\!/ m$ であるとき，$\angle x$ の大きさを求めよ。(　　　度)

図1

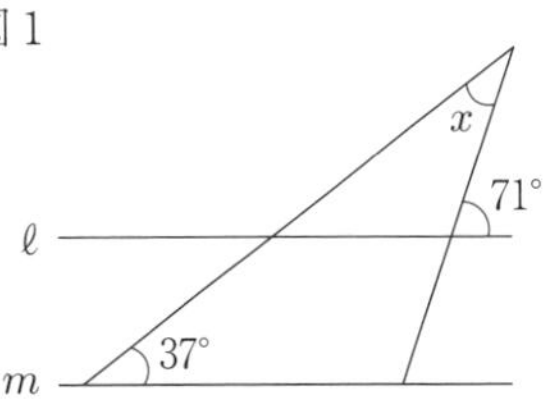

(4)　2つの対角線の長さがそれぞれ a cm，b cm であるひし形の面積を表した式が，次のア～オの中に1つある。その式を選び，ア～オの記号で答えよ。(　　　)

ア　$2(a + b)$　　イ　$2ab$　　ウ　$\dfrac{ab}{2}$　　エ　$\dfrac{b}{2a}$　　オ　$\dfrac{a + b}{2}$

(5)　2つのさいころA，Bを同時に投げるとき，出る目の数の積が10以上になる確率を求めよ。

(　　　)

(6)　右の資料は，ある中学校の陸上部員8人が反復横とびを20秒間行ったときの結果である。この資料における中央値（メジアン）を求めよ。(　　　回)

37，46，64，41，57，50，62，43

(単位は回)

(7)　図2は，半径が3cmの半球である。この半球の体積を求めよ。ただし，円周率は π とする。(　　　cm^3)

図2

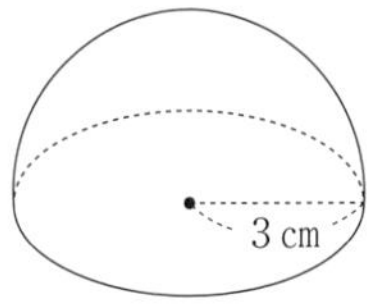

(8)　図3のように，直線 ℓ と2点A，Bがある。次の条件①，②を満たす点Pを，定規とコンパスを使って解答欄の枠内に作図せよ。なお，作図に使った線は消さずに残しておくこと。

［条件］
①　点Pは，直線 ℓ 上にある。
②　$\angle PAB = \angle PBA$ である。

図3

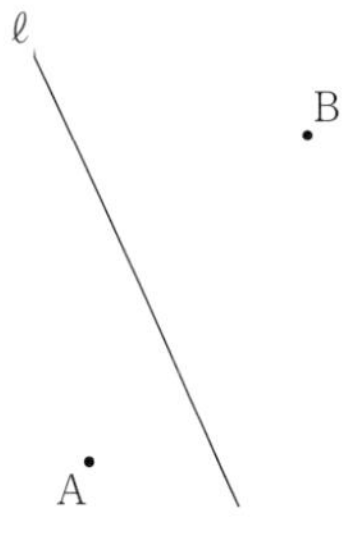

［作図］

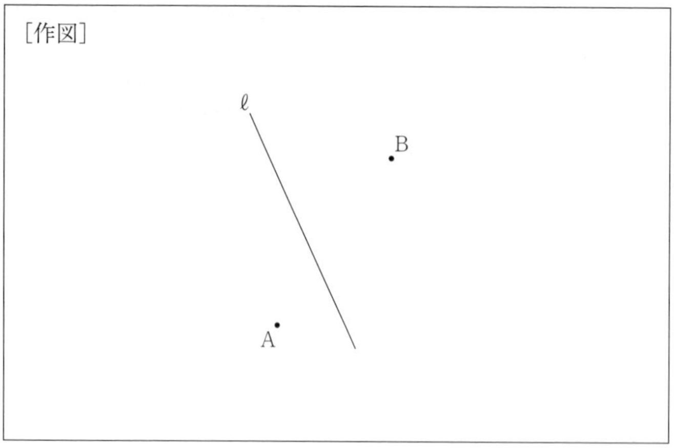

② 右の図で，四角形 ABCD は，AB ＝ 8 cm，BC ＝ 13cm の平行四辺形である。点 E は辺 AB 上の点であり，∠BEC ＝ 90° である。点 F は辺 BC 上の点であり，AB ＝ BF である。また，平行四辺形 ABCD の面積は 96cm^2 である。各問いに答えよ。

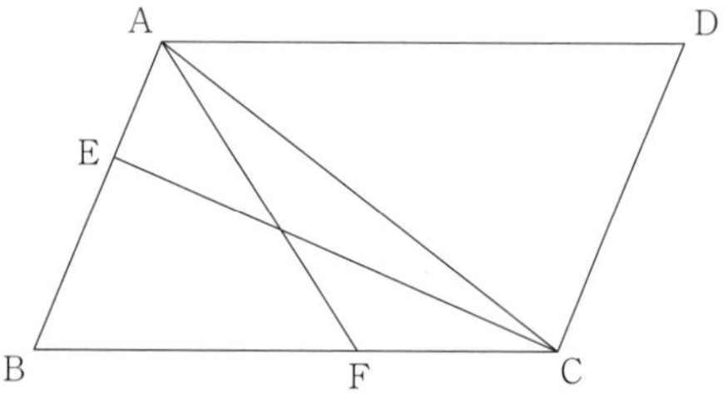

(1) △ABC ≡△CDA を証明せよ。

(　　　　　　　　　　　　　　　　　　　　　　　　　　　　　)

(2) 線分 AE の長さを求めよ。(　　　　　cm)

(3) 対角線 AC と線分 DF との交点を G とする。このとき，△AFG の面積を求めよ。(　　　　　cm^2)

③ 右の図で，点 O は原点であり，四角形 OABC は，4 点 O，A (5, 0)，B (5, 2)，C (0, 7) を頂点とする台形である。また，直線 ℓ は関数 $y = -\dfrac{1}{4}x + a$ のグラフである。各問いに答えよ。

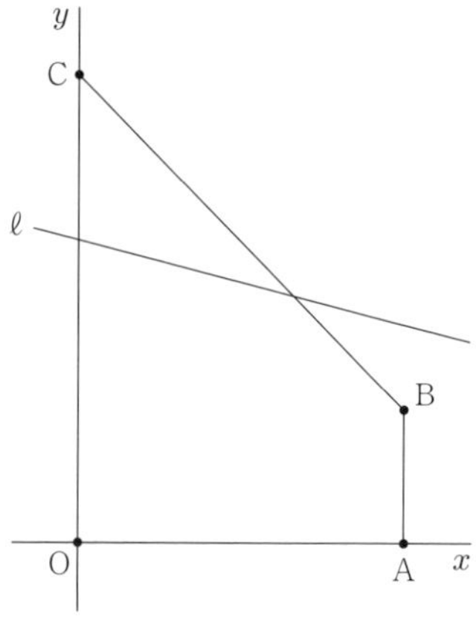

(1) 点 A を通り直線 ℓ に平行な直線の式を求めよ。(　　　　)

(2) 直線 ℓ と直線 BC との交点を D とする。a ＝ 4 のとき，線分 CD の長さは線分 DB の長さの何倍か。(　　　　倍)

(3) 直線 ℓ が台形 OABC の面積を 2 等分するとき，a の値を求めよ。(　　　　)

英語

時間　30分　　　　満点　別掲

（編集部注）放送問題の放送原稿は英語の末尾に掲載しています。
音声の再生についてはもくじをご覧ください。

1　放送を聞いて，各問いに答えよ。

(1)　①～③の会話の内容についての質問に対する答えとして最も適切なものを，それぞれア～エから1つずつ選び，その記号を書け。①(　　　)　②(　　　)　③(　　　)

①　ア　イ　ウ　エ

②　ア　イ　ウ　エ

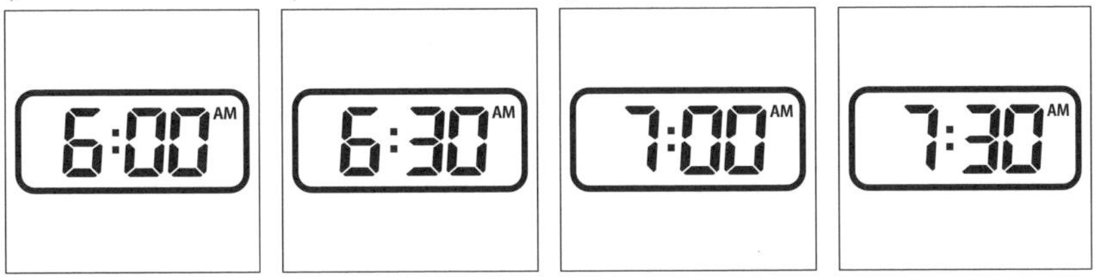

③　ア　イ　ウ　エ

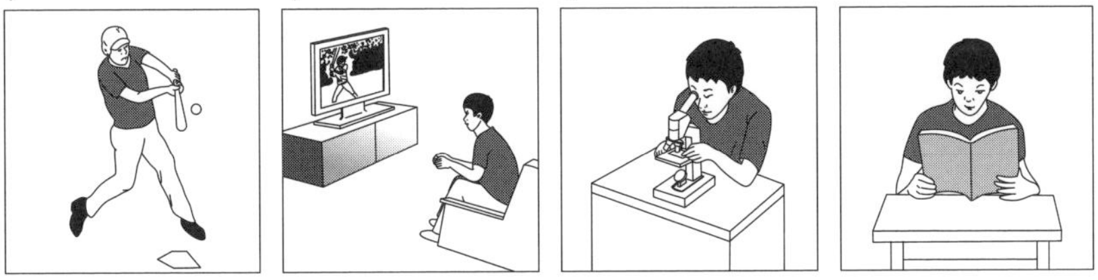

(2)　聞き取った英語の内容についての質問①，②に対する答えとして最も適切なものを，それぞれア～エから1つずつ選び，その記号を書け。①(　　　)　②(　　　)

①　ア　イ　ウ　エ

②　ア　To decide who gives cards.　　イ　To decide who writes a word on the card.
ウ　To decide who takes a card.　　エ　To decide who answers first.

2　下の表は，4つの都市（City A，City B，City C，City D）における昨年の6月の平均気温（average temperature）を示したものである。この表からわかることとして最も適切なものを，後のア～エから1つ選び，その記号を書け。(　　　)

	City A	City B	City C	City D
average temperature	22.4℃	17.0℃	21.4℃	13.4℃

ア　The average temperature in City D was as high as the average temperature in City A.

イ　The average temperature in City B was higher than the average temperature in City C.

ウ　The average temperature in City A was the highest of the four.

エ　Each average temperature in these four cities was higher than 17℃.

3　次の英文を読んで，各問いに答えよ。

Ken and Tom are high school students. Tom came to Japan from the United States two weeks ago. They are going shopping.

Tom:　Ken, I want to buy some postcards for my family and my friends.

Ken:　［ ① ］ them at the shop over there?

Tom:　OK. Let's walk across the street.

Ken:　Stop, Tom! The traffic light is red.

Tom:　Oh, I didn't see it. Thank you, Ken.

〈*One minute later.*〉

Tom:　It's green, now. Let's go.

Ken:　Hey, Tom. Did you say, "It's green"?

Tom:　Yes, what's wrong?

Ken:　I know it looks green, but we ［ ② ］ the color of the light "*ao*". "*Ao*" means blue.

Tom:　Oh, that's interesting. You don't say "green light". Why?

Ken:　I'm not sure, but ［ ③ ］. For example, "green apple". We say "*ao-ringo*" in Japanese. "*Ringo*" means apples.

Tom:　Oh, you don't use "green" for green apples, right?

Ken:　That's right.

（注）　traffic light：信号

(1)　文脈に合うように，［ ① ］に入る最も適切な英語を，次のア～エから１つ選び，その記号を書け。（　　　）

ア　Did you buy　　イ　How much is it for　　ウ　When can I buy

エ　Why don't you buy

(2)　文脈に合うように，［ ② ］に入る最も適切な英語を，次のア～エから１つ選び，その記号を書け。（　　　）

ア　change　　イ　call　　ウ　leave　　エ　send

(3)　文脈に合うように，［ ③ ］に入る最も適切な英語を，次のア～エから１つ選び，その記号を書け。（　　　）

ア　most of us are interested in the colors of traffic lights

イ　most of us like fruit and sometimes have it after dinner

ウ　we use "*midori*" when we want to say green apples

エ　we use "*ao*" for some green things in Japanese

4　次の英文を読んで，各問いに答えよ。なお，英文の左側の［１］～［４］は各段落の番号を示している。

［１］　This year, Tokyo will be an exciting place in the world. The Paralympic Games will be held in Tokyo. During the Tokyo 2020 Paralympic Games, more than 4,000 athletes with disabilities will come to Tokyo and take part in the games from all over the world. The Tokyo 2020 Paralympic Games will be the 16th summer Paralympic Games, and twenty-two kinds of sports will be carried out.

[2] One of the popular sports in the Paralympic Games is blind soccer. Blind soccer was played in the Paralympic Games in 2004 for the first time. Japanese blind soccer teams have never taken part in the Paralympic Games before, but the Japanese team will play in the Tokyo 2020 Paralympic Games. There are special rules in blind soccer. Blind soccer is played with four field players and one goalkeeper. The field players are blind, and they must wear special masks that cover their eyes. So they cannot see anything during the games. Only the goalkeeper doesn't have to wear a mask, and the goalkeeper can see everything on the field. When the players approach the opponent who has the ball, they must keep saying the Spanish word "*voy*" to the opponent. In blind soccer, the word means "I am approaching."

[3] How can they play soccer without seeing anything? The ball in blind soccer makes sounds when it is moved on the field. The players listen to the sounds from the ball, and they know where the ball is. The sounds from the ball and the voices from the other players or team members have great importance in blind soccer. By listening to many kinds of sounds, the players know what is happening on the field. The people watching the games in the stadium should be quiet during the games. However, they can make sounds when the players score. With their voices, the players know that they have scored. The people watching the games can support the players with their voices and enjoy the games together with the players. The encouragement from the people who watch the games is a part of the blind soccer games.

[4] The Paralympic Games are not just sports events for people with disabilities. They are great chances to think about a better society for all people around the world. In the Paralympic Games, athletes with disabilities try to do their best in each sport, and many people watch. The athletes in the Paralympic Games have made many world records these days. This is because they have improved their skills in each sport and have made their bodies strong. Improving the equipment of each sport is also one of the reasons for the new records. However, the true power of making many world records in the Paralympic Games comes from the challenge of doing these sports with a lot of encouragement.

(注) The Paralympic Games：パラリンピック　athlete：選手　disability：障害
carry out：実施する　blind：目の不自由な　field：フィールド
goalkeeper：ゴールキーパー　approach：～に近づく　opponent：相手選手
voy：ボイ（かけ声）　make sound：音を出す　importance：重要性
however：しかしながら　score：得点する　encouragement：声援　society：社会
record：記録　equipment：器具　challenge：挑戦

(1) 英文の段落ごとの見出しを下の表のようにつけるとき，表中の A ， B ， C に入る最も適切な英語を，後のア～カから１つずつ選び，その記号を書け。

A (　　) B (　　) C (　　)

段落	見出し
[1]	About the Tokyo 2020 Paralympic Games
[2]	A
[3]	B
[4]	C

ア　The challenge of having blind soccer in the Paralympic Games

イ　The history of the Paralympic Games

ウ　The importance of sounds and voices in blind soccer

エ　The power of making new records in the Paralympic Games

オ　The rules of blind soccer in the Paralympic Games

カ　The skills needed to improve the equipment of each sport

(2) 英文の内容について，次の問いにそれぞれ３語以上の英語で答えよ。ただし，コンマやピリオドなどは語数に含めないこと。

(a) Do the field players in blind soccer wear the special masks that cover their eyes?

(　　　　　　　　　　　　　　　　　　　　)

(b) What do the players in blind soccer know by the sounds from the ball?

(　　　　　　　　　　　　　　　　　　　　)

(3) 英文の内容と合っているものを，次のア～カから２つ選び，その記号を書け。

(　　)(　　)

ア　Sixteen kinds of sports will be carried out during the Tokyo 2020 Paralympic Games.

イ　The Japanese blind soccer team will take part in the Paralympic Games for the first time this year.

ウ　The player who has the ball must keep saying "*voy*" to the opponent in blind soccer.

エ　The people watching blind soccer in the stadium keep making sounds during the games.

オ　The Paralympic Games are good chances to think about a better society for all people.

カ　Improving the equipment is so difficult that athletes with disabilities can't make new records.

(1) 東京2020パラリンピック競技大会に参加する海外の選手団があなたのまちで合宿をすることになり，あなたの学校では生徒一人一人が選手団に応援メッセージを贈ることになった。選手団に贈るメッセージを10語程度の英語で書け。ただし，１文または２文で書き，コンマやピリオドなどは語数に含めないこと。

(　　　　　　　　　　　　　　　　　　　　)

〈放送原稿〉

(チャイム)

これから，2020年度奈良県公立高等学校入学者特色選抜学力検査問題，英語の聞き取り検査を行います。放送中に問題用紙の空いているところに，メモを取ってもかまいません。

それでは，問題用紙の1を見なさい。1には，(1)，(2)の2つの問題があります。

まず，(1)を見なさい。

(1)では，①～③の3つの会話が行われます。それぞれの会話の後で会話の内容について質問を1つずつします。質問に対する答えとして最も適切なものを，それぞれ問題用紙のア～エのうちから1つずつ選び，その記号を書きなさい。なお，会話と質問はそれぞれ2回ずつ行います。

それでは，始めます。

① *Man:*　What animal do you like, Lisa?

Lisa:　Please guess.

Man:　I have no idea. Can you keep it in your house?

Lisa:　Yes. It has four legs and long ears.

質問　What animal does Lisa like?

繰り返します。(繰り返し)

――(この間約3秒)――

② *Mike:*　I'll get up early for the soccer game tomorrow, Mom.

Mother:　What time will you get up, Mike?

Mike:　I'm going to get to the station at seven thirty, so I have to get up at six and leave home at seven.

Mother:　OK. Go to bed early.

質問　What time does Mike have to get up?

繰り返します。(繰り返し)

――(この間約3秒)――

③ *Woman:*　Did you watch the baseball game on TV last night, Ken?

Ken:　No. I went to a restaurant for dinner with my family. After that, I read a book at home.

Woman:　What was the book about?

Ken:　It was about famous scientists around the world. It was interesting.

質問　What did Ken do after dinner?

繰り返します。(繰り返し)

――(この間約3秒)――

次に，(2)に移ります。

(2)では，英語の授業で，これからグループで行う活動について，スミス先生が説明した英語が2回流れます。その後で，その内容について2つ質問をします。質問に対する答えとして最も適切なものを，それぞれ問題用紙のア～エのうちから1つずつ選び，その記号を書きなさい。

それでは，始めます。

Let's start a new activity. I will tell you how to do it.

First, I will give cards to each group. An English word is written on each card.

Next, do *janken* in your groups. The student who wins *janken* takes one card. Only this student can see the word on the card.

Then, the student who has the card tells the group members about the word. The word is the name of a food. The student must not use the word on the card. Of course, speak in English.

――（この間約3秒）――

繰り返します。（繰り返し）

――（この間約3秒）――

それでは，質問をそれぞれ2回ずつ行います。

質問①　Which card do students use in this activity?

Which card do students use in this activity?

――（この間約3秒）――

質問②　Why do students need to do *janken*?

Why do students need to do *janken*?

――（この間約3秒）――

これで，英語の聞き取り検査の放送を終わります。次の問題に進んでよろしい。

らし】を配り、活動の魅力を伝えて参加を呼びかけることにした。あなたならどのように呼びかけるか。□内のアンケートの回答を用いて、「生徒会から清掃ボランティア活動について連絡をします。」に続けて八十字以内で書け。

なお、【ちらし】は、【　】を付けずにちらしと書いてよい。

> 「清掃ボランティア活動を通して感じたこと」(主な回答)
> ・地域の人にお礼を言ってもらってうれしかった。
> ・人と協力して活動する楽しさを知った。
> ・自分が住んでいる地域に愛着を感じるようになった。
> ・新しい自分を発見することができた。

生徒会から清掃ボランティア活動について連絡をします。

3　春香さんの学校では、地域の清掃ボランティア活動を行っている。次は、生徒会役員の春香さんが作成した【ちらし】と生徒会役員の【話し合いの一部】である。これらを読み、各問いに答えよ。

【ちらし】

第4回清掃ボランティア活動

日　　時：令和2年2月28日（金）
　　　　　午後1時から午後2時30分
　　　　　（雨天時は中止）
集合場所：生徒昇降口前
持 ち 物：軍手
　　　　　水分補給ができるもの
服　　装：体操服（防寒着着用可）
清掃場所：まほろば公園

まほろば中学校生徒会

【話し合いの一部】

春香　【ちらし】を作ってみました。多くの人に参加してもらうには、何か工夫が必要だと思うのですが、どうですか。

陽一　復興庁の学生ボランティア促進キャンペーンのポスターに、「未熟な僕らだからこそ出来ることがきっとある。」と書いてあるのを見たことがあります。ボランティア活動への前向きな思いが表されていて、印象に残る呼びかけになっていました。【ちらし】にも、活動への参加を呼びかける文章を付け加えてみませんか。

若菜　なるほど。それは効果的な方法ですね。それなら、前回の清掃ボランティア活動の後に行ったアンケートの回答を使いませんか。以前、災害時のボランティア活動に参加した人の体験談を聞き、その言葉に感動したことがあります。体験した人の言葉を使えば、説得力のある呼びかけになると思います。

春香　アンケートの回答を使って呼びかけるのはいいですね。しかし、【ちらし】に文字が増えると、読みづらくなるように思います。

陽一　たしかにそうですね。それなら、【ちらし】には手を加えず、直接、活動の魅力を伝えて、参加を呼びかけませんか。

春香　それはいいですね。早速、アンケートの回答を確認しましょう。

㈠　――線部とあるが、「未熟だ」という意味をもつ語を、次のア～エから一つ選び、その記号を書け。（　）

ア　軽い　イ　青い　ウ　固い　エ　丸い

㈡　若菜さんの発言の仕方について述べたものとして最も適切なものを、次のア～エから一つ選び、その記号を書け。（　）

ア　全員から意見を引き出そうとして、発言を促す呼びかけをしている。
イ　それまでに出た意見をまとめた上で、疑問点に対して質問している。
ウ　別の立場の意見との両立を図るために、譲歩した考えを示している。
エ　他の人の意見を踏まえ、根拠を示しながら自分の意見を述べている。

㈢　次の□内は、春香さんたちが確認したアンケートの調査項目とその回答である。この話し合いの後、春香さんたちは、全校集会で【ち

2 次の文章を読み、各問いに答えよ。

ふみを写すに、同じくだりのうち、あるはならべるくだりなどに、同じ詞《ことば》のあるときは、見まがへて、その①あひだなる詞どもを、写しもらすこと、つねによくあるわざなり。又一ひらと思ひて、二ひら重ねてかへしては、そのあひだ一ひらを、みながらおとすこともあり。これらつねに心すべきわざなり。又よく似て、見まがへやすき文字などは、ことにまがふまじく、たしかに書くべきなり。②これは写し書きのみにもあらず、おほかた物書くに、心得《こころう》べき事ぞ。すべて物を書くは、事のこころをしめさむとてなれば、おふなおふな③文字さだかにこそ書かまほしけれ。

(「玉勝間」より)

(注) ふみ=書物
くだり=行
見まがへて=見間違えて
一ひら=一枚
みながら=すべて
ことに=特に
おふなおふな=できるだけ

(一) ——線①を現代仮名遣いに直して書け。(　　)

(二) ——線②の指している内容として最も適切なものを、次のア～エから一つ選び、その記号を書け。(　　)

ア 並んだ行の中に同じ言葉があるときに、写しもらしてしまうこと。
イ 二枚を重ねてめくって、文章を見落としてしまうこと。
ウ 似ていて見間違えやすい文字は、正確に書くこと。
エ 似た言葉が並んでいるときは、意味の違いを意識すること。

(三) ——線③と筆者が述べるのはなぜか。最も適切なものを、次のア～エから一つ選び、その記号を書け。(　　)

ア 文章を書くのは、言いたいことを伝えるためだから。
イ 力強い文字で書かれた文章には、説得力があるから。
ウ わかりやすく書くことは、とても難しいことだから。
エ 写し間違えることは、誰にでもよくあることだから。

㈠ [　　]Aの片仮名を漢字で書き、[　　]Bの漢字の読みを平仮名で書け。A（　　んで）　B（　　な）

㈡ ――線①とあるが、ここでの「ふるまい」とは、具体的にどの動作のことか。それが含まれる一文を、文章中から抜き出し、その初めの五字を書け。[　　　　　]

㈢ ――線②から一水さんが感じ取った筆者の思いはどのようなものか。それを説明したものとして最も適切なものを、次のア～エから一つ選び、その記号を書け。（　　）

ア　世界で活躍する多くの詩人たちと友情の輪を広げることができ、有意義な時間を過ごすことができたという満足。

イ　各国の多彩な表現者たちとの交流は最高の体験であり、このような機会はもう訪れないのではないかという不安。

ウ　韓国でのすばらしい体験をきっかけとして、この先の自分の人生をさらに充実したものにしていこうという意欲。

エ　一生の思い出となる国際的な催しに参加することができたが、本当に自分が参加してもよかったのかという疑問。

㈣ ――線③とあるが、筆者は、ひとつ上の世界に足を踏み入れることを、どのようなことだと考えているか。文章中の言葉を用いて、三十五字以内で書け。

[　　　　　　　　　　　　　　　　　　　　　　　　　　　　　　　　　　　]

㈤ ――線④の意味として最も適切なものを、次のア～エから一つ選び、その記号を書け。（　　）

ア　言葉の本来の意味を超えて　　イ　言葉の力を感じながら

ウ　言葉の多様な解釈とともに　　エ　言葉の意味そのままに

㈥ ――線⑤とは、どのような言葉か。最も適切なものを、次のア～エから一つ選び、その記号を書け。（　　）

ア　客観的な事実に裏打ちされた論理的な思考から導かれる言葉

イ　生まれながらの表現者としての豊かな感性からわき出る言葉

ウ　積み重ねた経験に基づく揺るぎない考えから生まれる言葉

エ　流派を代表する者としての重圧や不安から発せられる言葉

㈦ 〰線a、bの一水さんの様子から、筆者が受けた印象を　語で表した言葉として最も適切なものを、文章中から抜き出して書け。（　　）

㈧ ＝線部を全体の調和を考え、楷書で、一行で丁寧に書け。

（　　）

国語

時間　三〇分
満点　別掲

1　次の文章を読み、各問いに答えよ。

二〇〇九年の秋に、済州島で国際文化フェスティバルがあり、初めて韓国を訪れた。ダンス、音楽、演劇、絵画、デザイン、彫刻……などさまざまな分野の表現者たちが世界じゅうから集まる中に、各国の詩人たちもいた。ぼくは韓国の詩人に誘われて参加したのだけれど、同じく日本から来た一絃琴《いちげんきん》という琴の奏者、峯岸一水《みねぎしいっすい》さんと親しくなった。

聞けば一絃琴というのは、江戸時代には精神修養の一環として武士がたしなむ楽器だったそうだ。坂本龍馬《さかもとりょうま》も一絃琴をA[コノんで]弾いたらしい。一水さんは思いがけず若くして、先代のひいおばあさんから流派を継ぐことになり、周囲からの高い期待や厳しい目、重たい責任などを一身に引き受けて研鑽《けんさん》を積んできた人だった。

帰国したら家に遊びに来てくださいと誘われるままに、いちどおじゃまして、彼女の演奏を聴かせてもらった。大切そうに布から一絃琴を取り出す所作が、とくに印象に残っている。すっと背筋を伸ばし、つねに緊張感を身に纏《まと》わせながら、それを自然なこととして受け容《い》れてこの人は生きてきたのだろうなと、①ほんのささいなふるまいからも伝わってきた。

歓談し、ではそろそろ、というときだっただろうか。済州島でのできごとに話が及んだ。世界じゅうの表現者たちと一緒に町じゅうをパレードしたり、さまざまな国の詩人とともに詩をリーディングしたり、そんなことってこの先あるんだろうか？　②あれがぼくの人生のピークだったりして……、などと冗談のつもりで言ったところ、a一水さんが涼やかな顔をして首を横に振った。

「いちど段階が上がったら、そこから下には下がらないものです。」

b静かな話し方だったが、きっぱり言い切る口ぶりに、一水さん自身の覚悟を見る思いがした。とともに、B[柔和な]笑みを浮かべ、だから大丈夫、とこちらを励ますように言ってくれたやさしさも感じた。

甘えが許されない芸事の世界で、どんなときも流派を代表するふるまいを示さなければならない立場の彼女にとって、その言葉は覚悟であり、信念であり、そして事実なのだと思う。ひたすら鍛錬し、③ひとつ上の世界に足を踏み入れた人にとって、そこより下の世界というのは、後戻りすれば帰れる場所などではなく、足元に積み重なった地層のひとつなのではないか。

たしかにスポーツ選手などは全盛期を過ぎれば下がっていくと見なされるかもしれないが、「下がらない」というのはそういう意味でもない気がする。むしろ技芸への理解の深まりや、人間の器としての成熟度といったことではないだろうか。

そうか、いまより下がることはないのか、だったらいいな、とそのときぼくは言葉を④額面どおり素直に受けとって、一水さんのすがすがしさに勇気をもらった。それは、停滞や限界、慢心や堕落など考えもせず、一本の道をまっすぐに歩み続ける人ならではの⑤哲学から来る言葉だった。

この言葉を思い出すとき、言葉の意味以上に、そう言い切った一水さんの姿にこそ励まされる。

（白井明大「希望はいつも当たり前の言葉で語られる」より）

（注）　済州島＝チェジュ島、朝鮮半島の南西海上にある島

2020年度／解答

数学

1 【解き方】(1) ① 与式＝－(2 × 5)＝－ 10　② 与式＝ $4a + 1 + 2a - 4 = 6a - 3$　③ 与式＝ $\dfrac{8x^3y}{2xy^2} = \dfrac{4x^2}{y}$

④ 与式＝ $x^2 - 6x + 9 + x^2 - 2x - 3 = 2x^2 - 8x + 6$　⑤ 与式＝ $4\sqrt{7} - 2\sqrt{7} = 2\sqrt{7}$

(2) 左辺を因数分解して，$(x + 4)(x - 3) = 0$ だから，$x = -4,\ 3$

(3) 右図で，$\ell \mathbin{/\!/} m$ より，$\angle \mathrm{ABE} = 37°$　△ABE の内角と外角の関係より，$\angle x = 71° - 37° = 34°$

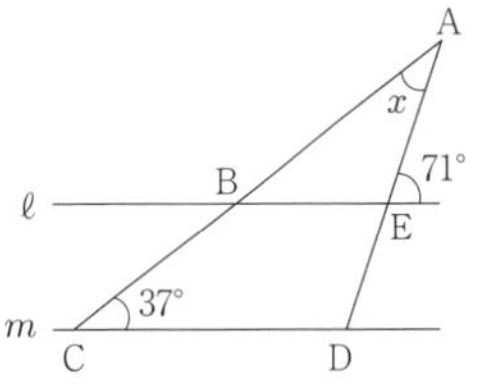

(4) 求める面積は，$\dfrac{1}{2} \times a \times b = \dfrac{ab}{2}$ (cm^2) となるので，ウ。

(5) 2 つのさいころの目の出方は全部で，6 × 6 ＝ 36 (通り)　このうち，出る目の数の積が 10 以上になるのは，(A，B)＝(2，5)，(2，6)，(3，4)，(3，5)，(3，6)，(4，3)，(4，4)，(4，5)，(4，6)，(5，2)，(5，3)，(5，4)，(5，5)，(5，6)，(6，2)，(6，3)，(6，4)，(6，5)，(6，6)の 19 通り。よって，求める確率は $\dfrac{19}{36}$。

(6) データを小さい方から順に並べると，37，41，43，46，50，57，62，64　よって，中央値は，$\dfrac{46 + 50}{2} = 48$ (回)

(7) 求める体積は，$\left(\dfrac{4}{3}\pi \times 3^3\right) \times \dfrac{1}{2} = 18\pi$ (cm^3)

(8) 条件②より，△PAB は PA ＝ PB の二等辺三角形になるので，点 P は AB の垂直二等分線上にあることを利用する。

(例)

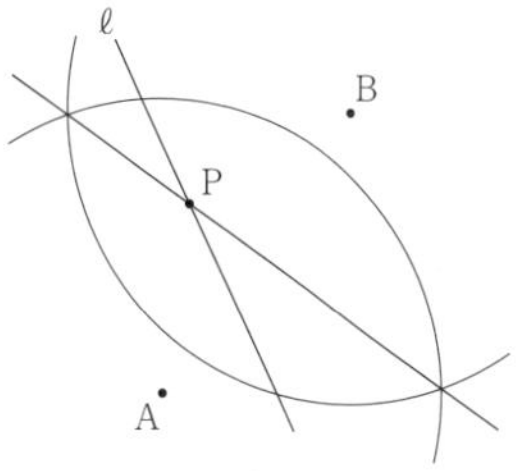

【答】(1) ① － 10　② $6a - 3$　③ $\dfrac{4x^2}{y}$　④ $2x^2 - 8x + 6$　⑤ $2\sqrt{7}$

(2) $x = -4,\ 3$　(3) 34 (度)　(4) ウ　(5) $\dfrac{19}{36}$　(6) 48 (回)　(7) 18π (cm^3)

(8) (右図)

2 【解き方】(2) △ABC ≡ △CDA より，平行四辺形 ABCD ＝ 2△ABC ＝ $2 \times \left(\dfrac{1}{2} \times 8 \times \mathrm{CE}\right) = 8 \times \mathrm{CE}$ と表せるから，面積について，8 × CE ＝ 96 が成り立つ。よって，CE ＝ 12 (cm)　△BCE で三平方の定理より，$\mathrm{BE} = \sqrt{13^2 - 12^2} = \sqrt{25} = 5$ (cm)　したがって，AE ＝ 8 － 5 ＝ 3 (cm)

(3) 右図のようになる。FC ＝ 13 － 8 ＝ 5 (cm)　また，△AFD ＝ $\dfrac{1}{2}$ × 平行四辺形 ABCD ＝ 48 (cm^2)　AD ∥ FC より，GD : GF ＝ AD : CF ＝ 13 : 5 だから，△AFG ＝ △AFD × $\dfrac{5}{13 + 5}$ ＝ 48 × $\dfrac{5}{18} = \dfrac{40}{3}$ (cm^2)

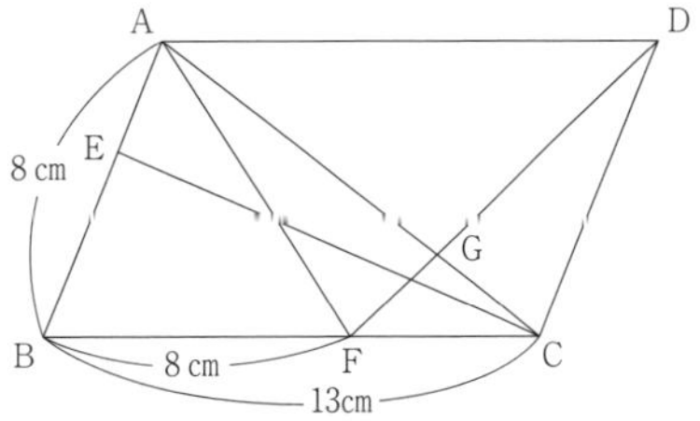

【答】(1) △ABC と△CDA において，AD ∥ BC より，平行線の錯角は等しいから，∠ACB ＝∠CAD……①　また，AB ∥ DC より，∠BAC ＝∠DCA……②　AC ＝ CA……③　①，②，③より，1 組の辺とその両端の角がそれぞれ等しいから，△ABC ≡ △CDA　(2) 3 (cm)　(3) $\dfrac{40}{3}$ (cm^2)

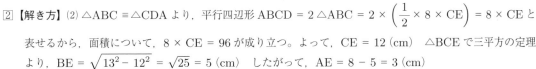

③ **【解き方】** (1) 求める直線の式を $y = -\frac{1}{4}x + b$ とおき，点Aの座標を代入すると，$0 = -\frac{1}{4} \times 5 + b$ より，$b = \frac{5}{4}$　よって，$y = -\frac{1}{4}x + \frac{5}{4}$

(2) 次図Ⅰのように，直線 ℓ と y 軸との交点をEとすると，E (0, 4)　また，直線 ℓ と直線ABとの交点をFとすると，点Fの y 座標は，$y = -\frac{1}{4} \times 5 + 4 = \frac{11}{4}$ より，$F\left(5,\ \frac{11}{4}\right)$　CE∥FBより，CD：BD = CE：BF = (7 − 4)：$\left(\frac{11}{4} - 2\right)$ = 3：$\frac{3}{4}$ = 4：1　よって，4倍。

(3) 次図Ⅱのように，線分OC，ABの中点をそれぞれM，Nとすると，台形CMNBと台形MOANは上底，下底，高さがそれぞれ等しいので面積が等しくなる。線分MNの中点をPとし，点Pを通る直線と y 軸，線分ABとの交点をそれぞれQ，Rとすると，PM = PN，∠PMQ = ∠PNR（平行線の錯角），∠MPQ = ∠NPR（対頂角）で，1組の辺とその両端の角がそれぞれ等しいので，△PMQ ≡ △PNR　したがって，台形QOAR = 五角形QOANP + △PNR = 五角形QOANP + △PMQ = 台形MOANとなり，点Pを通る直線は台形COABの面積を2等分する。$M\left(0,\ \frac{7}{2}\right)$，N (5, 1) より，点Pの座標を求めると，$\left(\frac{5}{2},\ \frac{9}{4}\right)$　$y = -\frac{1}{4}x + a$ に点Pの座標を代入して，$\frac{9}{4} = -\frac{1}{4} \times \frac{5}{2} + a$ より，$a = \frac{23}{8}$

図Ⅰ

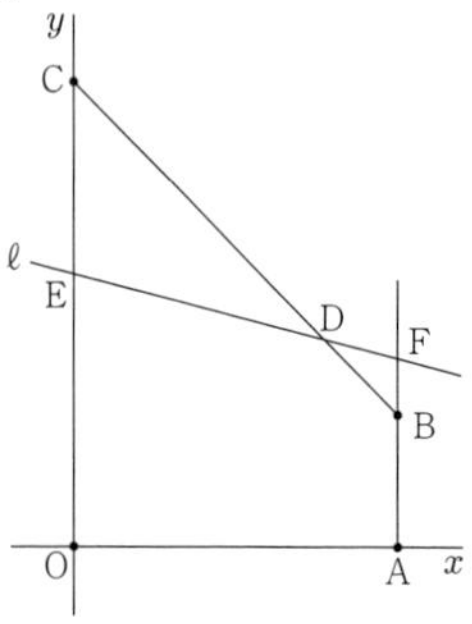

図Ⅱ

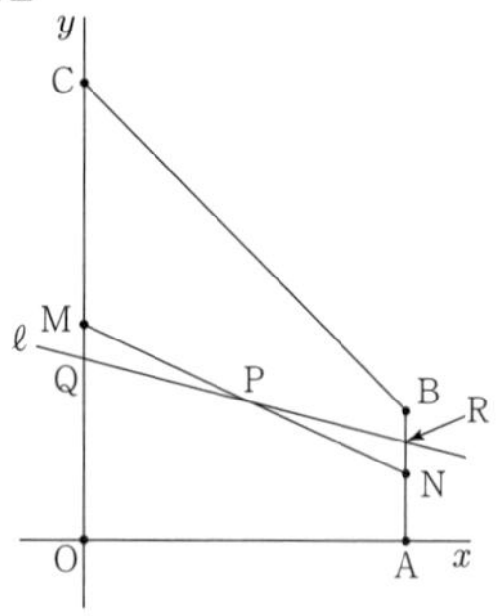

【答】 (1) $y = -\frac{1}{4}x + \frac{5}{4}$　(2) 4 (倍)　(3) $\frac{23}{8}$

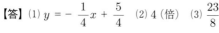

英　語

1 【解き方】(1) ① 4本の脚と長い耳がある動物はウサギ。② マイクは「6時に起きなければならない」と言っている。③ ケンは「その後（夕食後），家で本を読んだ」と言っている。

(2) ①「各カードに1つの英単語が書かれている」,「その単語は食べ物の名前だ」と言っている。②「ジャンケンに勝った生徒が1枚のカードを取る」と言っている。ウの「誰がカードを取るか決めるため」が適切。

【答】(1) ① イ　② ア　③ エ　(2) ① ア　② ウ

◀全訳▶　(1) ①

男性：君は何の動物が好きなんだい，リサ？

リサ：当ててみて。

男性：わからないよ。君は家でそれを飼うことができる？

リサ：ええ。それには4本の脚と長い耳があるわ。

質問：リサは何の動物が好きですか？

②

マイク：明日僕はサッカーの試合のために早起きするよ，お母さん。

母親　：あなたは何時に起きるつもりなの，マイク？

マイク：僕は7時半に駅に着く予定だから，6時に起きて7時に家を出ないといけないよ。

母親　：わかったわ。早く寝なさい。

質問：マイクは何時に起きなければなりませんか？

③

女性：昨晩テレビで野球の試合を見た，ケン？

ケン：ううん。僕は家族と夕食のためにレストランに行ったんだ。その後，僕は家で本を読んだよ。

女性：その本は何についてのものだったの？

ケン：それは世界中の有名な科学者たちについてのものだったよ。おもしろかった。

質問：ケンは夕食後，何をしましたか？

(2) 新しい活動を始めましょう。あなたたちにそれのやり方を教えます。

まず，私が各グループにカードを配ります。各カードに1つの英単語が書かれています。

次に，あなたたちのグループでジャンケンをしてください。ジャンケンに勝った生徒が1枚のカードを取ります。この生徒だけがカードの単語を見ることができます。

それから，カードを持っている生徒はグループのメンバーにその単語について話します。その単語は食べ物の名前です。その生徒はカードの単語を使ってはいけません。もちろん，英語で話してください。

質問① この活動で生徒はどのカードを使いますか？

質問② なぜ生徒はジャンケンをする必要があるのですか？

2 【解き方】ア.「D市の平均気温はA市の平均気温と同じくらいの高さだった」→A市の方が高かった。イ.「B市の平均気温はC市の平均気温より高かった」→C市の方が高かった。ウ.「A市の平均気温は4市の中で最も高かった」→表に合っている。エ.「これらの4つの市の各平均気温は17度より高かった」→D市は17度より低かった。

【答】ウ

3 【解き方】(1) Why don't you ～?＝「～するのはどうですか？」。

(2) call A B＝「AをBと呼ぶ」。

(3) 直後で青リンゴの例を示している。これは緑色のものに「青」を使う例である。

【答】(1) エ　(2) イ　(3) エ

◀全訳▶　ケンとトムは高校生だ。トムは2週間前にアメリカから日本に来た。彼らは買い物に行くところだ。

トム：ケン，僕は家族と友達のためにハガキを買いたいんだ。

ケン：向こうの店でそれらを買うのはどう？

トム：わかった。その通りを渡ろう。

ケン：待って，トム！　信号が赤だよ。

トム：ああ，見ていなかったよ。ありがとう，ケン。

〈1分後〉

トム：さあ，緑だ。行こう。

ケン：ねえ，トム。君は「それは緑だ」と言ったかい？

トム：うん，何か間違っている？

ケン：それが緑に見えるのはわかるけど，僕たちはその信号の色を「青」と呼ぶ。「青」はblueのことだよ。

トム：へえ，それはおもしろい。君たちは「緑の信号」と言わないんだ。なぜ？

ケン：よくわからない，でも僕たちは日本語でいくつかの緑色のものに「青」を使うんだ。例えば，「緑色のリンゴ」。僕たちは日本語で「青リンゴ」と言う。「リンゴ」はapplesのことだよ。

トム：へえ，君たちは緑色のリンゴに「緑」を使わないんだね？

ケン：そうだよ。

4 **【解き方】**(1) A．フィールドプレーヤーがマスクを装着することや，相手選手に近づくときに「ボイ」と言い続けることなどのルールについて説明している。オの「パラリンピックでのブラインドサッカーのルール」が適切。B.「ボールからの音とその他の選手やチームのメンバーからの声がブラインドサッカーでは多大な重要性を持つ」と説明している。ウの「ブラインドサッカーでの音と声の重要性」が適切。C．最終文で「パラリンピックで多くの世界記録を生む本当の力は，多くの声援と共にこれらのスポーツをするという挑戦から来る」とまとめている。エの「パラリンピックで新記録を生む力」が適切。

(2) (a)「ブラインドサッカーのフィールドプレーヤーは目を覆う特別なマスクを着けますか？」。第2段落の6文目に「彼ら（フィールドプレーヤー）は目を覆う特別なマスクを着けなければならない」とある。(b)「ブラインドサッカーの選手はボールからの音によって何を知りますか？」。第3段落の3文目に「選手はボールからの音を聞き，ボールがどこにあるか知る」とある。

(3) ア．第1段落の最終文に「22種目の競技が実施される」とある。イ.「日本のブラインドサッカーチームは今年初めてパラリンピックに参加する」。第2段落の3文目を見る。正しい。ウ．第2段落の最後から2文目に「フィールドプレーヤーがボールを持っている相手選手に近づくとき，相手選手に向かって『ボイ』というスペイン語の言葉を言い続けなければならない」とある。エ．第3段落の6文目に「スタジアムで試合を見ている人々は試合中静かにしなければならない」とある。オ.「パラリンピックはすべての人々にとってよりよい社会について考えるよい機会だ」。第4段落の2文目を見る。正しい。カ．第4段落の最後から2文目に「それぞれのスポーツの器具の改良も新記録の理由の1つだ」とある。

(4) 解答例は「私はあなたに試合に勝ってほしいです。最善を尽くしてください」。ほかに，I'm happy to support you. I hope you will do your best.（12語）などとしてもよい。

【答】(1) A．オ　B．ウ　C．エ　(2)（例）(a) Yes, they do.　(b) They know where the ball is.　(3) イ・オ

(4)（例）I want you to win the game. Do your best!（10語）

◀全訳▶　[1] 今年，東京は世界でわくわくする場所になるだろう。パラリンピックが東京で開催される予定である。東京2020パラリンピックの間，4,000人を超える障害を持つ選手が世界中から東京に来て，大会に参加する。東京2020パラリンピックは16回目の夏のパラリンピックになり，22種目の競技が実施されることになっている。

[2] パラリンピックで人気のある競技の1つがブラインドサッカーだ。ブラインドサッカーは2004年に初め

てパラリンピックでプレーされた。日本のブラインドサッカーチームはかつて一度もパラリンピックに参加したことがないが，日本のチームは東京2020パラリンピックでプレーすることになっている。ブラインドサッカーには特別なルールがある。ブラインドサッカーは4人のフィールドプレーヤーと1人のゴールキーパーでプレーされる。フィールドプレーヤーは目が不自由で，彼らは目を覆う特別なマスクを着けなければならない。そのため，彼らは試合中に何も見ることができない。ゴールキーパーだけはマスクを着ける必要がなく，フィールドのすべてを見ることができる。フィールドプレーヤーがボールを持っている相手選手に近づくとき，彼らは相手選手に向かって「ボイ」というスペイン語の言葉を言い続けなければならない。ブラインドサッカーでは，その言葉は「私は近づいている」という意味だ。

[3] どのようにして彼らは何も見ずにサッカーをすることができるのか？　ブラインドサッカーのボールはフィールドで転がされると音を出す。選手はそのボールからの音を聞き，ボールがどこにあるかを知る。ボールからの音とその他の選手やチームのメンバーからの声が，ブラインドサッカーでは多大な重要性を持っている。多くの種類の音を聞くことにより，選手はフィールドで何が起こっているのかを知るのである。スタジアムで試合を見ている人々は，試合中静かにしなければならない。しかし，彼らは選手が得点したときは音を立ててもよい。彼らの声で，選手は自分たちが得点したことを知る。試合を見ている人々は声で選手をサポートし，選手と一緒に試合を楽しむことができる。試合を見る人々からの声援はブラインドサッカーの試合の一部だ。

[4] パラリンピックは障害を持つ人々のための単なるスポーツ行事というわけではない。それらは世界中のすべての人々のためのよりよい社会について考える素晴らしい機会である。パラリンピックでは，障害を持つ選手がそれぞれのスポーツで最善を尽くそうとし，多くの人々が観戦する。パラリンピックの選手は最近，多くの世界記録を作っている。これは彼らがそれぞれのスポーツで自分たちの技術を向上させ，体を鍛えてきたからだ。それぞれのスポーツの器具の改良も新記録の理由の1つだ。しかし，パラリンピックで多くの世界記録を生む本当の力は，多くの声援と共にこれらのスポーツをするという挑戦から来るものだ。

国　語

1 【解き方】㈡ 筆者が峯岸一水さんの家へ遊びに行った時に，一水さんが演奏する前の動作を見て，「すっと背筋を伸ばし…この人は生きてきたのだろうな」と感じている。

㈢「世界じゅうの表現者たちと一緒に…詩をリーディング」した体験について，「そんなことってこの先あるんだろうか？」と筆者が後ろ向きな発言をしたことに対して，一水さんが「いちど段階が上がったら，そこからは下には下がらないものです」ときっぱり否定したことから考える。

㈣ 一水さんが言った「いちど段階が上がったら，そこから下には下がらないものです」について，筆者は意味を考え，「『下がらない』というのはそういう意味でもない気がする…ではないだろうか」と自分なりの答えを導き出している。

㈥「下がらない」という，一水さんの「停滞や限界，慢心や堕落など考えもせず，一本の道をまっすぐに歩み続ける人ならでは」の言葉だと感じている。

㈦ 一水さんの言葉を聞いて，筆者が考えを述べている「そうか，いまより下がることはないのか…勇気をもらった」に着目する。

㈧ 漢字の点画をつなげたり，省略したりしないように注意する。

【答】㈠ A. 好(んで)　B. にゅうわ(な)　㈡ 大切そうに　㈢ イ

㈣ 技芸への理解が深まったり，人間の器としての成熟度が高まったりすること。(35字)（同意可）　㈤ エ

㈥ ウ　㈦ すがすがしさ　㈧ (右図)

(例)
周囲からの高い期待

2 【解き方】㈠ 語頭以外の「は・ひ・ふ・へ・ほ」は「わ・い・う・え・お」にする。

㈡ 直前の「又よく似て…たしかに書くべきなり」をおさえる。

㈢ 前で，「すべて物を書くは…しめさむとてなれば」と理由を述べている。

【答】㈠ あいだ　㈡ ウ　㈢ ア

◀口語訳▶　書物を写す時に，同じ行の中で，または並んでいる行などに，同じ言葉がある時は，見間違えて，その間にある言葉などを，写しもらしてしまうことは，常によくあることである。又一枚と思って，二枚重ねてめくっては，その間の一枚を，すべて見落とすこともある。これらのことは常に注意するべきことである。またよく似ていて，見間違えやすい文字などは，特に間違えないように，しっかりと書くべきだ。これは写し書きだけではなく，だいたい物を書く時に，心得るべきことだ。すべて文章を書くのは，言いたいことを伝えるためなので，できるだけ文字を正確に書いてほしい。

3 【解き方】㈡ 陽一さんの意見を「それは効果的な方法ですね」と受け入れたあと，「アンケートの回答を使」うという自分の意見を述べている。

【答】㈠ イ　㈡ エ　㈢ (例)

(生徒会から清掃ボランティア活動について連絡をします。) ちらしのとおり，二月二十八日に活動を行います。清掃ボランティア活動を通して，新しい自分を発見することができたという声もあります。皆さんも参加してみませんか。(78字)

2025年度受験用

公立高校入試対策シリーズ 3029-2

奈良県公立高等学校
(特色選抜・共通問題)

別冊

解答用紙

●この冊子は本体から取りはずしてご使用いただけます。

●解答用紙（本書掲載分）をダウンロードする場合はこちら↓
https://book.eisyun.jp/

※なお，予告なくダウンロードを終了することがあります。

英俊社

●解答用紙の四隅にあるガイドに合わせて指定の倍率で拡大すると、実物とほぼ同じ大きさでご使用いただけます(一部例外がございます)。

受検番号

※	得点	※

令和６年度
奈良県公立高等学校入学者特色選抜学力検査

数　学　　解答用紙

問題番号		答え			採点
1	(1)	①	②		
		③	④		
		⑤			
	(2)		(3)		
	(4)		(5)	cm	
	(6)	度			
	(7)	[作図] 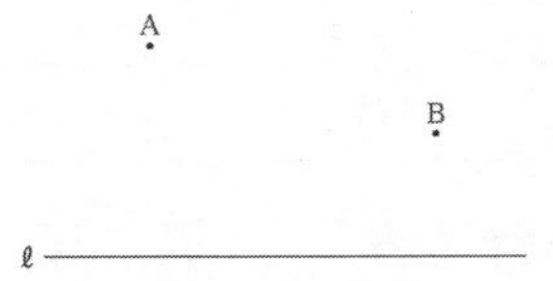			

問題番号		答え			採点
1	(8)				
2	(1)	[証明]			
	(2)		(3)	倍	
3	(1)	個	(2)		
	(3)	(　　　，　　　)			

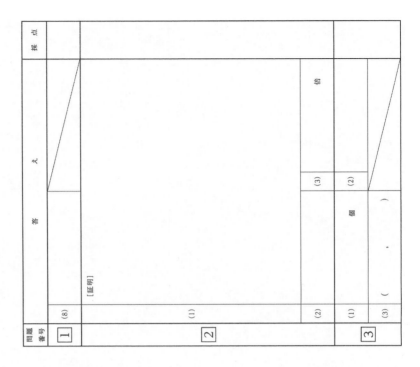

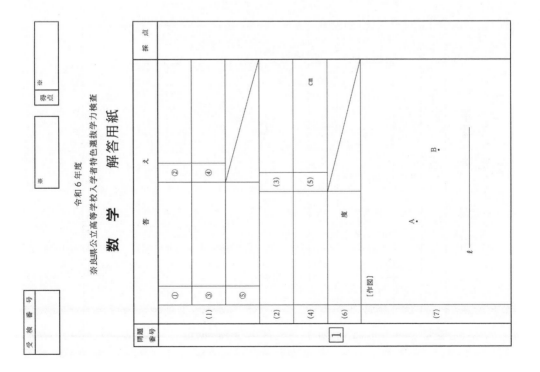

受検番号

※

得点	※

令和６年度

奈良県公立高等学校入学者特色選抜学力検査

英　語　　解答用紙

問題番号	答え					採点
1	(1)	①		②		
	(2)	①		②		
	(3)	①		②		
2	①		②		③	
3	(1)	①				
		②				
	(2)					
	(3)					
	(4)					
	(5)					

問題番号	答え	採点
4		

※実物の大きさ：195% 拡大（A3 用紙）

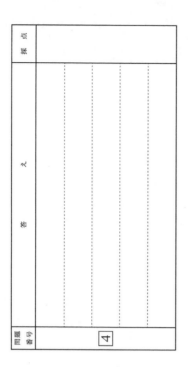

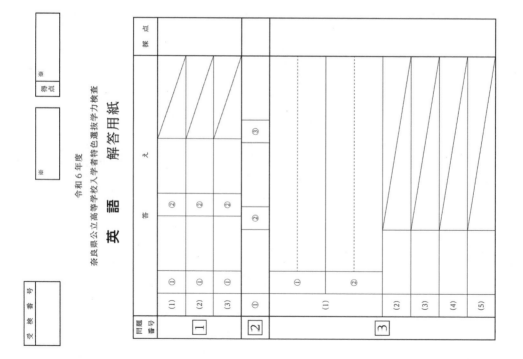

受検番号

※

得点 ※

令和6年度　奈良県公立高等学校入学者特色選抜学力検査

国語　解答用紙

問題番号		答え	採点
一	(一)	A　む　B　に	
	(二)	(三)	
	(四)	(五)　(六)	
	(七)	オノマトペは、	
	(八)		
二	(一)	(二)　(三)	
三	(一)	(二)　(三)	
	(四)	80字	

※実物の大きさ：195% 拡大（A3 用紙）

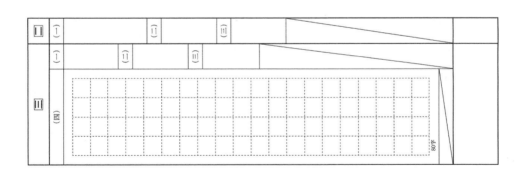

【数　学】

1 (1) 1点×5　(2)～(7) 2点×6　(8) 3点　　2 (1) 4点　(2) 2点　(3) 4点
3 (1) 3点　(2) 3点　(3) 4点

【英　語】

1 2点×6　　2 3点×3　　3 (1) 3点×2　(2)～(5) 2点×4　　4 5点

【国　語】

一 (一) 1点×2　(二) 2点　(三)～(六) 3点×4　(七) 4点　(八) 3点　　二 2点×3
三 (一)～(三) 2点×3　(四) 5点

受検番号		※	得点	※

令和５年度

奈良県公立高等学校入学者特色選抜学力検査

数　学　　解答用紙

問題番号			答　　え			採　点
1	(1)	①		②		
		③		④		
		⑤				
	(2)			(3)	(m)	
	(4)			(5)	本	
	(6)		度			
	(7)	[作図] C・ A――B				

問題番号		答　　え			採　点
1	(8)				
2	(1)	(　　,　　)	(2)		
	(3)				
3	(1)	cm			
	(2)	[証明]			
	(3)	倍			

※実物の大きさ：195% 拡大（A3 用紙）

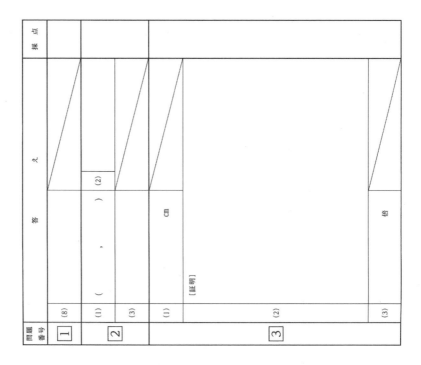

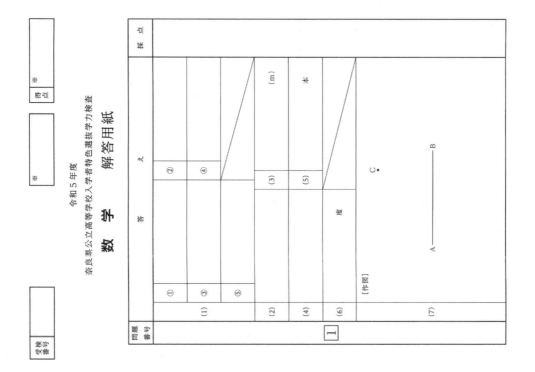

受検番号	

※

得点	※

令和５年度

奈良県公立高等学校入学者特色選抜学力検査

英　語　　解答用紙

問題番号	答　え						採　点
1	(1)	①		②			
	(2)	①		②			
	(3)	①		②			
2							
3	①		②		③		

問題番号	答　え				採　点
4	(1)				
	(2)				
	(3)	①			
		②			
	(4)				
5					

※実物の大きさ：195% 拡大（A3 用紙）

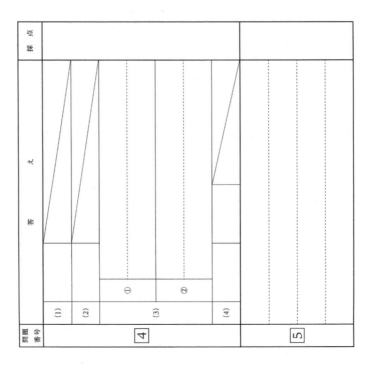

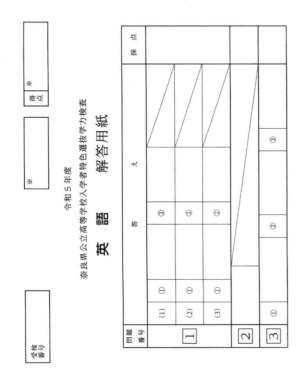

受検番号

※

得点

※

令和5年度　奈良県公立高等学校入学者特色選抜学力検査

国語　解答用紙

問題番号		答え	採点
一	(一)	A　　めて　B	
	(二)	(三)	
	(四)	(五)　(六)	
	(七)		
	(八)		
二	(一)	(二) 初め　終わり　(三)	
三	(一)	(二)　(三)	
	(四)	80字	

※実物の大きさ：195% 拡大（A3 用紙）

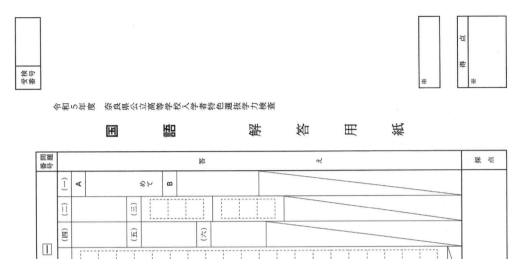

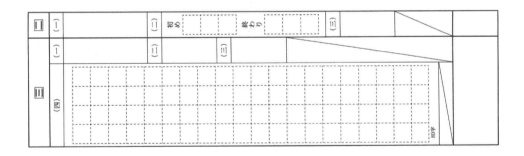

【数　学】

1 (1) 1点×5　(2)〜(6) 2点×5　(7) 3点　(8) 3点　　2 (1) 2点　(2) 3点　(3) 4点
3 (1) 2点　(2) 4点　(3) 4点

【英　語】

1 2点×6　　2 3点　　3 2点×3　　4 (1) 2点　(2) 2点　(3) 3点×2　(4) 2点×2　　5 5点

【国　語】

一 (一) 1点×2　(二) 2点　(三) 3点×2　(四)〜(六) 2点×3　(七) 4点　(八) 3点　　二 2点×3
三 (一)〜(三) 2点×3　(四) 5点

受検番号	

※

得点	※

令和４年度

奈良県公立高等学校入学者特色選抜学力検査

数　学　　解答用紙

問題番号		答　　え			採　点
1	(1)	①	②		
		③	④		
		⑤			
	(2)		(3)	個	
	(4)		(5)	度	
	(6)	［作図］			
	(7)		(8)		

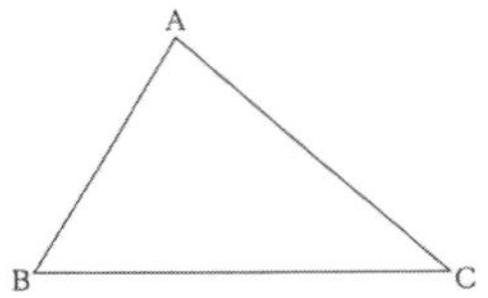

問題番号		答　　え			採　点
2	(1)		(2)		
	(3)				
3	(1)	cm			
	(2)	［証明］			
	(3)	倍			

※実物の大きさ：195% 拡大（A3 用紙）

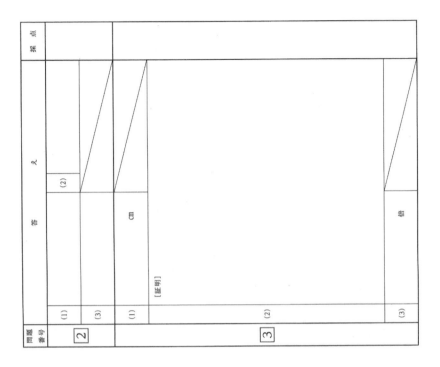

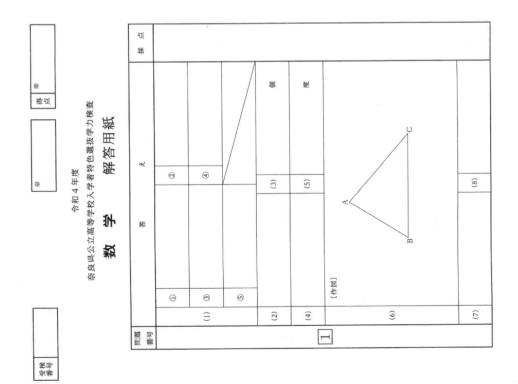

受検番号	

※	得点	※

令和４年度

奈良県公立高等学校入学者特色選抜学力検査

英　語　　解答用紙

問題番号	答　え						採　点
1	(1)	①		②			
	(2)	①		②			
	(3)	①		②			
2	①		②				
3	(1)						
	(2)						
4	(1)	①					
		②					
	(2)						
	(3)	①		②		③	
	(4)						

問題番号	答　え	採　点
5		

※実物の大きさ：195% 拡大（A3 用紙）

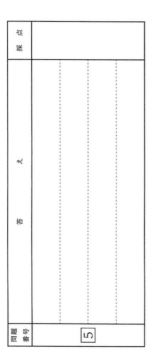

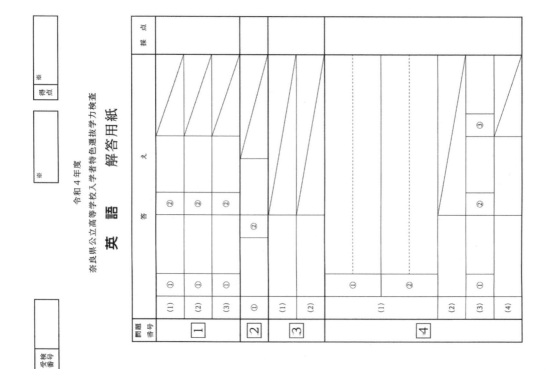

受検番号

※

※ 得点

令和4年度　奈良県公立高等学校入学者特色選抜学力検査

国語　解答用紙

問題番号		答え	採点
一	(一)	A　　かせる　B　　えて	
	(二)	(三)　(四)	
	(五)	(六)	
	(七)		
	(八)		
	(九)	80字	
二	(一)	A　B　(二)	
三	(一)	(二)	
	(三)	(四)	

※実物の大きさ：195% 拡大（A3用紙）

【数　学】

1 (1) 1 点×5　(2)～(5) 2 点×4　(6) 3 点　(7) 2 点　(8) 3 点　　2 (1) 2 点　(2) 3 点　(3) 4 点
3 (1) 2 点　(2) 4 点　(3) 4 点

【英　語】

1 2 点×6　　2 2 点×2　　3 (1) 2 点　(2) 3 点　　4 (1) 3 点×2　(2) 2 点　(3) 2 点　(4) 2 点×2　　5 5 点

【国　語】

一 (一) 1 点×2　(二)～(四) 2 点×3　(五) 3 点　(六) 3 点　(七) 4 点　(八) 3 点　(九) 5 点　　二 2 点×3
三 2 点×4

受検番号	

※

得点	※

令和３年度

奈良県公立高等学校入学者特色選抜学力検査

数　学　　解答用紙

問題番号			答　え			採点
1	(1)	①		②		
		③		④		
		⑤				
	(2)			(3)		
	(4)			(5)	度	
	(6)	[作図]				
	(7)			(8)		

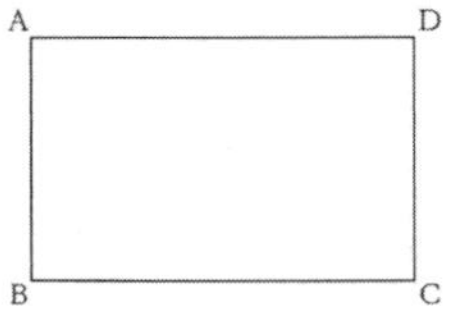

問題番号		答　え			採点
2	(1)		(2)	個	
	(3)				
3	(1)	[証明]			
	(2)	cm	(3)	倍	

※実物の大きさ：195% 拡大（A3 用紙）

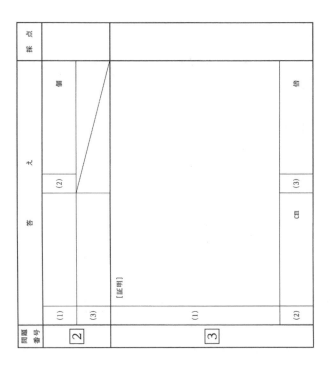

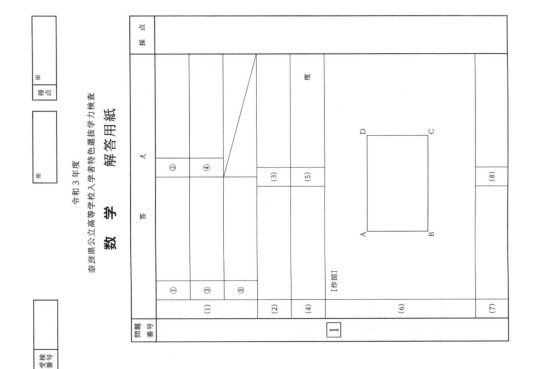

受検番号		※	得点	※

令和３年度

奈良県公立高等学校入学者特色選抜学力検査

英　語　　解答用紙

問題番号		答	え		採　点
1	(1)	①	②	③	
	(2)	①	②		
2	(1)				
	(2)				
3	(1)	A	B	C	
	(2)	(a)			
		(b)			
	(3)				
	(4)				

問題番号		答　え	採　点
4	(1)		
	(2)		

※実物の大きさ：195% 拡大（A3 用紙）

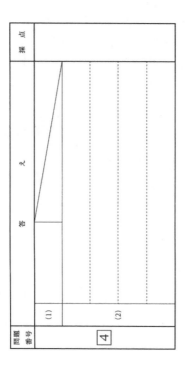

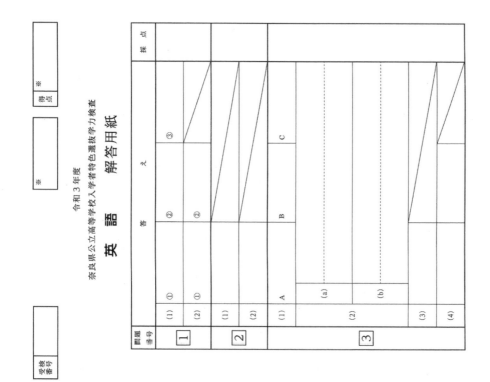

受検番号

※

得点

※

令和3年度　奈良県公立高等学校入学者特色選抜学力検査

国語解答用紙

問題番号		答え	採点
一	(一)	A 漢字　　じて　B 読み　　に	
	(二)	(三)　(四)	
	(五)		
	(六)	(七)	
一	(八)		
二	(一)	(二)　(三)　(四)	
三	(一)	(二)	
	(三)	80字	

※実物の大きさ：195% 拡大（A3 用紙）

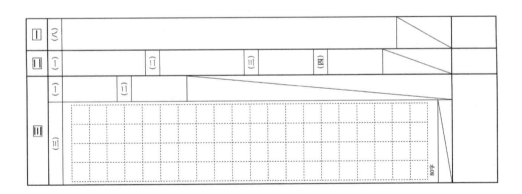

【数　　学】

1 (1) 1 点×5　(2)～(5) 2 点×4　(6) 3 点　(7) 2 点　(8) 2 点　　2 (1) 2 点　(2) 3 点　(3) 4 点
3 (1) 4 点　(2) 3 点　(3) 4 点

【英　　語】

1 2 点×5　　2 3 点×2　　3 (1) 2 点×3　(2) 3 点×2　(3) 2 点　(4) 2 点×2　　4 (1) 2 点　(2) 4 点

【国　　語】

一 ㈠ 1 点×2　㈡ 2 点　㈢ 2 点　㈣ 3 点　㈤ 4 点　㈥～㈧ 3 点×3　　二 2 点×4
三 ㈠ 2 点　㈡ 3 点　㈢ 5 点

受検番号	

※

得点	※

令和２年度

奈良県公立高等学校入学者特色選抜学力検査

数　学　　解答用紙

問題番号			答		え	採　点
1	(1)	①		②		
		③		④		
		⑤				
	(2)			(3)	度	
	(4)			(5)		
	(6)		回	(7)	cm^3	
	(8)	[作図] 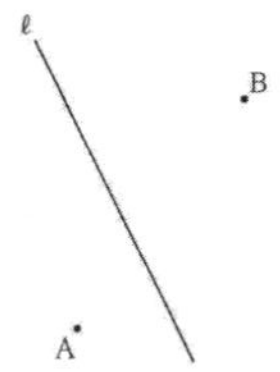				

問題番号		答		え	採　点
2	(1)	[証明]			
	(2)	cm	(3)	cm^2	
3	(1)		(2)	倍	
	(3)				

※実物の大きさ：195% 拡大（A3 用紙）

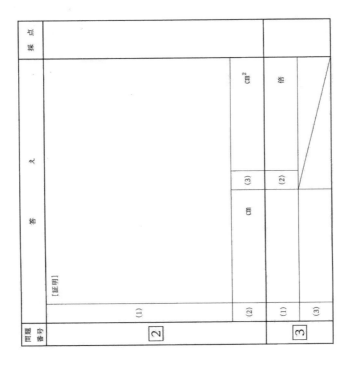

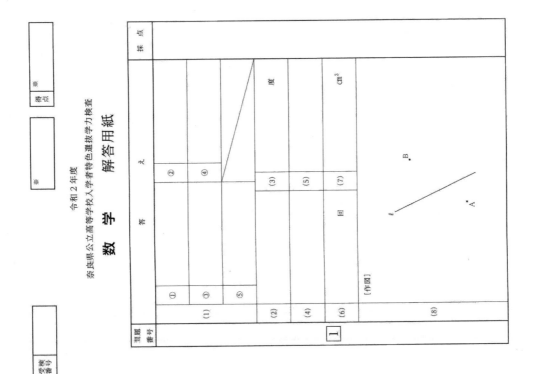

受検番号		※	得点	※

令和２年度

奈良県公立高等学校入学者特色選抜学力検査

英　語　　解答用紙

問題番号		答え						採点
1	(1)	①		②		③		
	(2)	①		②				
2								
3	(1)							
	(2)							
	(3)							

問題番号		答え						採点
4	(1)	A		B		C		
	(2)	(a)						
		(b)						
	(3)							
	(4)							

※実物の大きさ：195% 拡大（A3 用紙）

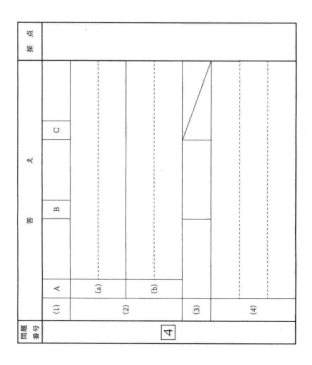

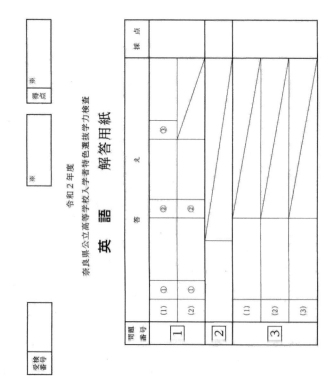

受検番号	

※	得点 ※

令和2年度　奈良県公立高等学校入学者特色選抜学力検査

国語解答用紙

問題番号		答え						採点
一	(一)	A	漢字 んで	B	読み な			
	(二)		(三)					
	(四)							
	(五)		(六)		(七)			
	(八)							

二	(一)		(二)		(三)		

三	(一)		(二)		
	(三)	生徒会から清掃ボランティア活動について連絡をします。 80字			

※実物の大きさ：195% 拡大（A3 用紙）

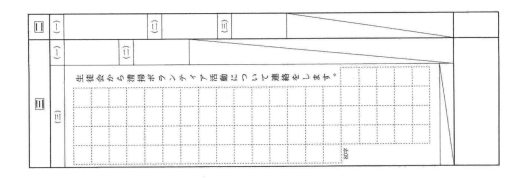

2020 年度　奈良県公立高等学校（特色選抜・共通問題）[配点]

【数　　学】

[1] (1) 1 点×5　(2)～(7) 2 点×6　(8) 3 点　　[2] (1) 4 点　(2) 3 点　(3) 4 点　　[3] (1) 2 点　(2) 3 点　(3) 4 点

【英　　語】

[1] 2 点×5　　[2] 2 点　　[3] 2 点×3　　[4] (1) 2 点×3　(2) 3 点×2　(3) 3 点×2　(4) 4 点

【国　　語】

[一] ㈠ 1 点×2　㈡ 3 点　㈢ 3 点　㈣ 4 点　㈤～㈧ 3 点×4　　[二] ㈠ 2 点　㈡ 2 点　㈢ 3 点
[三] ㈠ 2 点　㈡ 2 点　㈢ 5 点

~MEMO~

~MEMO~